AF371284

HISTOIRE NATURELLE

DES

OISEAUX DE PARADIS,

DES ROLLIERS,

DES TOUCANS ET DES BARBUS.

Toutes les figures de cet ouvrage ont été dessinées d'après nature par Barraband peintre, gravées par Perée et Gremilliet, et imprimées en couleur par Langlois et Rousset.

HISTOIRE NATURELLE

DES OISEAUX DE PARADIS

ET DES ROLLIERS,

SUIVIE

DE CELLE DES TOUCANS ET DES BARBUS,

PAR

FRANÇOIS LEVAILLANT.

TOME SECOND.

PARIS,

Chez { DENNÉ le jeune, Libraire, rue Vivienne, n°. 10.
PERLET, Libraire, rue de Tournon.

1806.

HISTOIRE NATURELLE

DES

TOUCANS.

INTRODUCTION

À L'HISTOIRE NATURELLE DES TOUCANS.

Au premier aspect, les toucans paroissent avoir quelques rapports directs avec les calaos, parceque ces deux sortes d'oiseaux sont en effet très remarquables par un bec quelquefois disproportionné à leur taille. L'un de nos plus célebres naturalistes même, trompé par ce trait de ressemblance, a cru, en voyant des calaos au Sénégal, y retrouver les toucans d'Amérique. Ces derniers ont cependant leurs caracteres très différents, qu'il est facile de saisir au premier coup-d'œil, et que nous allons détailler.

Les toucans ont les doigts disposés, deux par-devant, et deux par-derriere ; conformation toute différente de celle du pied des calaos. Les deux doigts de devant sont réunis ensemble à leur base jusqu'à la premiere articulation ; l'extérieur, qui est le plus long, portant une phalange de plus que l'intérieur : tous deux ils sont élargis sur les côtés par une membrane épaisse formant une sorte de bourrelet charnu qui, réuni à la plante du pied, couverte d'une peau chagrinée,

1

donne à ces oiseaux l'assise large dont ils ont besoin pour
soutenir leur corps épais lorsqu'ils sont perchés. Le doigt
intérieur de derriere, le plus court de tous, ne présente
qu'une seule phalange, tandis que l'extérieur en a quatre,
quoiqu'il soit un peu moins long que le grand doigt de devant qui n'en a que trois. Chaque doigt est donc distingué
par le nombre de ses phalanges; le plus petit de derriere n'en
ayant qu'une, celui de devant qui lui correspond en ayant
deux, l'autre de devant trois, et enfin le second de derriere
quatre. Les tarses sont robustes et recouverts, ainsi que les
doigts, de larges écailles lisses. (Voyez la fig. A de notre
planche premiere.)

Le bec, grand chez tous les toucans, et même disproportionné dans quelques especes, est remarquable en ce que les
os des mâchoires, qui, par leur prolongement, forment ce
que nous nommons les mandibules, au lieu d'être solides
comme chez tous les oiseaux en général, ne conservent ici
aucune force au-delà de la bouche, et semblent même ne
point se prolonger dans la partie cornée qui forme le bec:
de sorte que cette partie intérieure des mandibules des toucans n'est réellement composée que d'une enveloppe mince,
diaphane, qui fléchit sous les doigts quand on la presse, et
dont la concavité est seulement remplie par des réseaux très
délicats, d'une substance osseuse, friable et cassante, qui, re-
couverte seulement d'une gaine cornée, fort mince, donne au
bec une grande légèreté, sans laquelle ces oiseaux n'auroient
sans doute pas eu la force d'en supporter le poids, attendu
qu'ils ne sont pas eux-mêmes très gros. Afin de rendre sensible cette singularité, nous avons figuré un bec de toucan
du plus grand volume, et dont l'enveloppe cornée a été en-
levée, ce qui laisse voir toute la délicatesse du travail intérieur

des mandibules, qu'on croiroit être un ouvrage en filigrane.
(Voyez la fig. B de notre première planche.)

Le bec des toucans diffère donc essentiellement de celui
des calaos, puisque ces derniers ont le leur doublé par le
prolongement des mâchoires, qui conservent leur solidité jusqu'au bout de l'enveloppe cornée où elles pénetrent, et qu'ils
n'ont que le casque qui soit en grande partie creux et ouvragé,
à-peu-près comme l'intérieur du bec des toucans (1). Ceux-ci
ont encore les os de la tête d'une nature plus légere que
les calaos, car nous avons trouvé que le bec et la tête d'un
calao-rhinocéros de la plus forte taille pesoient ensemble
quatre onces, tandis que ceux du toucan nommé toco, et
qui a le plus grand bec dans son genre, pesent au plus une
once : le bec du premier n'a pourtant pas plus de deux fois
le volume de celui du dernier, quoique d'ailleurs la masse
respective du corps de ces oiseaux soit à-peu-près dans la
proportion d'un à quatre, le plus grand toucan pouvant équi-
valoir au quart de la masse du calao-rhinocéros. Les toucans
sont donc, par la difformité de leurs becs, plus monstrueux
encore que les calaos.

Ces oiseaux ont aussi la langue absolument différente :
elle est cartillagineuse, molle, triangulaire, très courte, et
placée dans le fond de la gorge chez les calaos ; chez les
toucans, au contraire, elle est seche, de la longueur du bec,
et frangée sur ses bords par de longues barbes qui imitent
si bien une plume, que plusieurs naturalistes n'ont pas craint
de dire que les toucans avoient une plume pour langue.
(Voyez fig. C, planche première.)

Les toucans ont le corps très charnu et massif, au lieu

(1) Voyez notre Histoire naturelle des Oiseaux des Indes et de l'Amérique, où nous avons parlé des calaos.

que les calaos l'ont efflanqué et maigre : ils n'ont point de cils autour des paupieres ; mais les yeux sont placés comme ceux des calaos dans une peau nue, épaisse, et dont la couleur varie suivant les especes. Tous les toucans ont les mandibules dentelées sur leur tranchant, et les ailes si courtes, que dans l'état de repos elles ne dépassent presque pas le croupion : leur queue est composée de dix pennes à-peu-près d'égale longueur. Les narines sont placées à la naissance du front derriere la mandibule supérieure, et tellement cachées qu'on ne les voit pas, et que quelques naturalistes ont cru que ces oiseaux en étoient dépourvus : elles n'ont pas de communication avec la partie creuse de la mandibule supérieure, quoique leur position semble indiquer le contraire ; au moins est-il certain qu'elles ne pénetrent que de deux ou trois lignes dans une espece de tambour osseux, creux et rond, qu'on apperçoit comme deux petites boules placées l'une à côté de l'autre près de la tète dans l'intérieur de la partie supérieure du bec.

Les toucans different encore des calaos dans la maniere de se nourrir, car ils sont purement frugivores, tandis que les calaos se nourrissent d'insectes, et sont même carnivores. Il est vrai que, dans l'état de domesticité, on est parvenu à former à ces oiseaux de nouveaux goûts ; mais nous n'avons égard, en donnant l'histoire des animaux, qu'à ce qu'ils sont dans leur état de nature, et non à ce qu'ils ont pu devenir par les habitudes qu'on les a forcés de prendre en les privant de ce qui leur convient le mieux.

Les toucans fréquentent les forêts de haute-futaie, où ils nichent dans des trous d'arbres creux et vermoulus, qui ne manquent pas dans leur pays, où les arbres mourant ordinairement de vieillesse, ils ne sont pas obligés de percer eux-mêmes leur retraite à coup de bec comme on l'a dit d'abord, et ensuite démenti, par rapport à la courbure de la pointe de leurs mandibules. La vérité est qu'aucun oiseau, pas même les plus grands pics, n'ont la faculté de percer un arbre sain; mais que, sachant en reconnoître les parties pourries, ils peuvent facilement agrandir leur demeure sans y employer des moyens extraordinaires : ainsi les toucans ont le même instinct, et n'ont pas besoin de chasser les pics pour s'approprier leurs trous. On trouve, au reste, dans toutes les forêts des arbres creux par vétusté, sans qu'aucun oiseau ait pris la peine de les perforer. Les larves des scarabés commencent enfin l'ouvrage, le temps l'achève, et les oiseaux, dont le naturel est de se cacher, savent en profiter.

Les toucans volent pesamment en rentrant le cou entre leurs épaules, et ils marchent en sautant: leur bec, quoique gros, a si peu de force qu'ils ne sauroient faire de mal en pinçant; ils peuvent pourtant couper et ouvrir les fruits mous, dont ils avalent les morceaux après les avoir jetés en l'air pour les recevoir ensuite très adroitement et les englober dans leur large gosier en ouvrant beaucoup le bec. Lorsqu'ils sont perchés, ils se tiennent presque perpendiculairement, ayant le bec tout-à-fait couché sur la poitrine; et quoiqu'en général ils soient d'une gravité remarquable, et que tous leurs mouvements soient pesants et maussades, ils ne laissent pas d'être turbulents, et très habiles à sauter de branche en branche. Ils se réunissent en petites troupes, et se tiennent sur le sommet des plus grands arbres, et de préférence sur les branches mortes, d'où on les entend pousser des cris rauques, ou quelquefois faire un sifflement particulier pour s'entr'appeler.

Les toucans enfin ne s'éloignent pas beaucoup de la contrée qui les a vu naître : ils font de petits vols, et leurs courses se réduisent à parcourir les différents cantons à mesure que les fruits y mûrissent, leurs petites ailes et la masse de leur corps ne leur permettant pas de s'exposer à de grands voyages. Jusqu'ici on n'a trouvé de ces oiseaux que dans les parties les plus chaudes de l'Amérique; comme aussi on n'a trouvé des calaos que dans les parties brûlantes de l'ancien continent.

Un parallélisme bien particulier encore entre ces deux genres d'oiseaux également monstrueux, et jetés sur les points correspondants des deux hémisphères, c'est qu'ainsi que la nature a composé les calaos de deux grandes familles ou races distinctes, de même elle a partagé les toucans en deux branches analogues à celles-là. Quelle admirable uniformité, quelle harmonie dans la marche productive de cette mere-commune! puisqu'elle a voulu conserver le même ordre jusque dans ses écarts, s'il est permis de s'exprimer ainsi, en établissant un accord parfait, en maintenant un juste équilibre dans ce qui semble n'avoir été que le jouet de ses plus bizarres caprices; car on ne peut méconnoître que les toucans d'Amérique sont en monstruosité dans un des côtés de la balance universelle ce que sont dans l'autre les calaos de l'ancien continent.

Nous suivrons donc dans l'histoire des premiers l'ordre que la nature a établi elle-même, en formant du genre entier de ces oiseaux deux familles distinctes : nous la séparerons par conséquent en deux sections, dont la première contiendra les toucans proprement dits, et dont nous venons d'établir les caracteres génériques. Nous parlerons après des aracaris, qui sont bien aussi des toucans, mais ayant des attributs particuliers qui les distinguent des autres, et que nous ferons connoître en leur lieu.

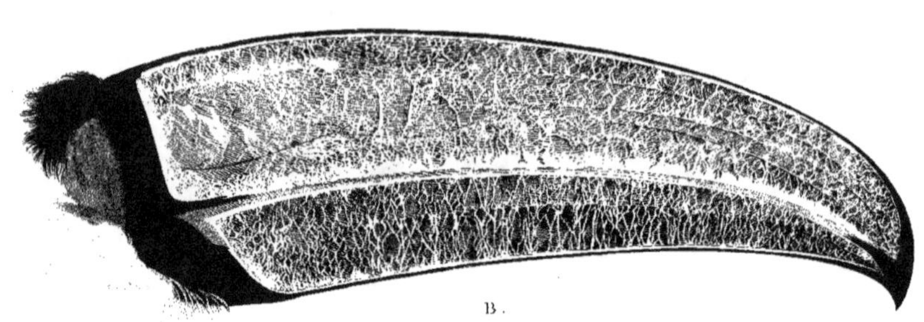

B.

C.

A.

A. _Pied du Toco._   B. _Intérieur du bec du Toco._   C. _Langue du Toco._

Planche 1re.

Barraband f.   De l'Imprimerie de Rousset.   Paris

Barraband pinx.^t   De l'Imprimerie de Langlois.   Pérée sculp.^t

HISTOIRE NATURELLE

DES

TOUCANS.

LE TOCO MALE.

(N.º 2.)

Buffon, en parlant de cette espece, ne lui donne que neuf à dix pouces
de longueur totale, en y comprenant la tête et la queue : je pense que
c'est une faute d'impression, car la mesure de sept pouces et demi que
ce naturaliste donne au bec est exacte. Or, par ces dimensions, son toco
auroit eu le bec presque aussi grand que le corps, depuis le front jusqu'au
bout de la queue; ce qui n'est pas même supposable, quoique cet oiseau
ait un bec démésurément grand et gros. Les plus petits tocos que j'aie
mesurés avoient seize à dix-sept pouces de longueur, et leur bec six : les
plus grands en ont dix-neuf à vingt, et le bec proportionné à leur taille.
Ces oiseaux, comme on le voit, sont fort inégaux en grandeur; cela
provient sans doute, d'abord de l'âge, puis du plus ou moins d'abon-
dance de nourriture qu'ils trouvent dans les pays qu'ils habitent, et
ensuite du sexe; car, dans toutes les especes, le mâle est plus grand
que la femelle. Au reste l'individu que je publie ici, et qui fait partie
de mon cabinet, a vingt-sept pouces de longueur, mesuré de la pointe
du bec à l'extrémité de la queue dont la dimension seule est de six
pouces, et celle du bec de sept et demi, prise en ligne droite de l'angle
de la bouche au bout de la mandibule supérieure, qui est tranchante sur
son arête, et ronde sur les côtés : la hauteur du bec est, à sa base, de
deux pouces neuf lignes; sa largeur au même endroit est de vingt lignes;
et au bout les deux mandibules ont ensemble dix-huit lignes de hauteur.
Les ailes ployées ont neuf pouces et demi de longueur, et s'avancent un
peu au-delà de la naissance de la queue, qui est large, forte, et dont

toutes les pennes sont à-peu-près égales entre elles, si ce n'est que la
derniere de chaque côté est un peu plus courte que les autres. Les pieds
sont robustes ; les tarses épais, et les ongles gros : le grand doigt de
devant enfin est de la longueur du tarse.

Le bec offre dans sa base un contour plus grand que celui de la tête,
ce qui donne à cet oiseau un air vraiment des plus singuliers lorsqu'on
le considere en face. Buffon a très ingénieusement comparé la tête et le
bec du toco à ces masques à long nez, dont on épouvante les enfants;
et il n'est personne en effet qui, en voyant cet oiseau pour la premiere
fois, ne croie sérieusement que son bec ne soit une enveloppe faite à
plaisir, dont on auroit couvert sa face, d'autant plus que ce bec, portant à sa base un bourrelet qui déborde toutes les parties de la tête
où il adhere, a effectivement moins l'air d'appartenir à l'oiseau que d'être
un étui qui cache le vrai bec.

Du reste les couleurs les plus vives et les plus éclatantes regnent sur
cette partie vraiment étonnante du toco. Une bande noire dessine le
contour de la base de la mandibule supérieure, et s'élargit sur l'inférieure, où elle forme de chaque côté un triangle isocele qui l'embrasse
en mentonniere : une autre bande, jaune et étroite, suit ce noir dans
tous ces contours. L'arête supérieure du bec est d'un beau rouge vermillon, qui, partant du front, vient se perdre dans une large tache
noire qui termine le bas de la mandibule supérieure, et se dessine en
oval du côté de la tête sur chacune de ses faces : de sorte qu'en fixant
le bec par son arête cette tache forme un cœur parfait dont la partie
vuide du haut est rouge. La mandibule inférieure est tout entiere d'un
rouge vif, mais qui vers la base s'éclaircit un peu en se mélant d'une
teinte jaune : la supérieure est de la même couleur dans la moitié de
sa largeur, et d'un jaune plein jusqu'au rouge de son arête. L'œil, gros,
très saillant, et rougeâtre, est entouré d'une paupiere bleue, et placé
dans un espace dépourvu de plumes, et dont la couleur est orangée.
Les narines se trouvent sur le front, enfoncées sous le bourrelet que
forme le bec dans cette partie. Les pieds et les ongles sont absolument
noirs.

Quant au plumage, il est noir sur la tête et le derriere du cou, sur
les ailes, la queue, et généralement par-tout, à l'exception de la gorge
et du devant du cou qui sont d'un beau blanc sur les parties hautes,
et jaunâtres vers le bas, où chaque plume est terminée par un petit liséré
rouge. Un petit pinceau de plumes blanches se montre aussi entre l'angle
des yeux et les narines. Les couvertures du dessous de la queue sont
fines, soyeuses, et d'un rouge éclatant; celles du dessus de la queue,
qui sont au contraire très larges, et qui s'étendent jusqu vers le milieu
de celle-ci, sont d'un beau blanc. Pour ne rien omettre, nous dirons enfin
que les os et la peau de cet oiseau sont jaunâtres.

La femelle est absolument semblable au mâle, si ce n'est qu'elle est un peu plus petite, que son bec n'est jamais aussi gros, proportion gardée, et qu'elle n'a point de jaune au bas du cou. Dans nos cabinets, le jaune du mâle s'efface promptement, et les belles couleurs du bec s'altèrent au point de devenir d'un jaune pâle, ou même entièrement blanc.

Ces oiseaux sont très communs dans la Guyane : à Cayenne on lui donne le nom d'oiseau à gros bec ; à Surinam, les colons hollandais le nomment *banane beck*, bec à banane, parcequ'il est très friand de ce fruit ; les Caraïbes le nomment *kouakey*, mais ils donnent le même nom indistinctement à tous les toucans : j'ignore d'ailleurs s'ils en ont de particuliers pour désigner chaque espece.

Buffon a décrit et figuré cette espece sous le nom de toco, que nous lui avons conservé.

LE TOCAN.

(N° 3.)

Ce toucan a le corps, la queue et les ailes modelés, pour les proportions, sur ces parties de l'espece précédente ; mais son bec n'est pas à beaucoup près aussi disproportionné à sa taille, car il n'a, dans les plus grands individus, qu'environ six pouces de longueur sur deux pouces de hauteur, et dix lignes de largeur à la base. Ces deux oiseaux different encore par la forme de leurs becs, en ce que celui du toco est beaucoup plus épais dans toute son étendue, et que la mandibule supérieure est chez lui très tranchante sur son arête, tandis que dans le tocan elle est arrondie. Les couleurs en sont aussi totalement différentes : ici, les deux mandibules sont terminées à leurs bases par trois bandes transversales parallèles ; la premiere, qui est noire, et qui n'a qu'une ligne de largeur, dessine les contours de ces bases ; la seconde, six fois plus large, et jaune, communique, sur la mandibule supérieure, à une autre bande de même couleur, qui longe son arête arrondie jusqu'à la pointe de cette mandibule ; la troisieme bande est noire, et moitié moins large que la seconde. Tout le reste du bec est d'un rouge brun qui imite un peu le porphire par une espece de pointillé ou de marbrure fine noirâtre qui y domine ; enfin le petit bout de la mandibule inférieure est jaune. Tel est le bec de cette espece, du moins lorsqu'elle est parvenue à son état parfait ; car il varie beaucoup suivant l'âge, et se décolore promptement par plusieurs causes, et plus facilement encore chez les toucans que dans les autres oiseaux, lorsque l'individu est mort, parceque les mandibules étant creuses en grande partie, si on n'a pas bien disséqué la tête en préparant la peau, la putréfaction des chairs qu'on y a laissées communique dans l'intérieur du bec, et le noircit. Il arrive aussi très souvent qu'en tirant ces oiseaux on les blesse de maniere que le sang s'extravase dans toutes les parties caverneuses des mandibules, et en change les couleurs naturelles. Enfin, dans nos cabinets, les becs de toucans perdent bien vite leur beau coloris si l'on emploie les fumigations sulfureuses ; le grand jour seul les change totalement encore dans l'espace de deux ou trois ans. Le bec du toco, par exemple, devient entièrement jaune, et à la longue il devient même blanc, à l'exception des taches noires, qui ne s'effacent pas, mais qui brunissent cependant.

Le Tocan. N.º 3.

De l'Imprimerie de Rousset.

Barraband f.   Bouquet sculpsit

La langue du tocan, qui imite aussi par sa structure la forme d'une plume étroite, est, ainsi que tout le dedans des mandibules, de couleur rougeâtre. Les yeux sont d'un brun rouge, et entourés d'une peau nue bleuâtre. Les tarses, les pieds et les ongles sont noirs ; ils paroissent tels du moins dans tous les individus desséchés que j'ai vus.

Un caractere très marqué dans le plumage de cette espece, c'est que les couvertures supérieures de la queue sont d'un beau jaune qui a le luisant de la soie écrue ; et, afin d'être exacts, nous dirons qu'elles sont à barbes décomposées, et qu'elles ne s'étendent pas à beaucoup près aussi avant sur la queue que celles du toco, qui les a d'une nature très différente, comme nous l'avons fait observer. Le sommet de la tête, le derriere du cou, le manteau, les ailes entieres, la queue, et généralement tout le dessous du corps, sont d'un noir pur, qui, sur les ailes et la queue seulement, est luisant, et prend un léger ton verdâtre par les reflets de la lumiere. Tout le devant du cou est d'un blanc légèrement teint de jaune, qui se fonce toujours un peu plus à mesure qu'il descend jusqu'à la poitrine, ceint par un collier rouge éclatant de sept à huit lignes de largeur. On voit, entre l'angle supérieur de l'œil et les narines, un petit triangle formé de plumes blanches. Les couvertures du dessous de la queue sont à barbes rares, désunies, et du même rouge que le collier. Les ailes ployées ne dépassent pas les couvertures du dessus de la queue.

La femelle est un peu plus petite que le mâle ; elle lui ressemble d'ailleurs en tous points, si ce n'est qu'elle a entièrement le devant du cou d'un blanc pur sans mélange de jaune. Mais nous observerons que, dans nos cabinets, le jaune des mâles s'efface très promptement, et que, comme il en est de même du beau jaune des couvertures supérieures de la queue, et des vives couleurs du bec, les méthodistes ont fait plusieurs especes de ces variations accidentelles.

Buffon a confondu cette espece avec le toucan à gorge jaune, en la donnant pour la femelle de celui-ci : elle porte cependant dans ses planches enluminées le nom de *toucan à gorge blanche*, ou *tocan de Cayenne ;* nom que nous lui conservons : voyez son n° 262, où cet oiseau est figuré d'une maniere reconnoissable, quoique les proportions du bec aient été très mal observées.

Gmelin, en décrivant la même espece, d'abord sous le nom de *ramphastos piscivorus,* lui donne une bande rouge *sur le ventre,* et un croupion *blanc,* ce qui n'est pas exact : cependant, dans sa Synonymie, il renvoie à la figure 262 de Buffon, dans laquelle la bande rouge est placée au bas du cou comme elle doit l'être, et où le croupion ou les couvertures supérieures de la queue sont jaunes. Cet auteur n'est pas plus heureux en donnant les couleurs du bec, qu'il décrit ainsi : « Bec jaune avec une « tache d'un beau rouge à son sommet ; mandibule inférieure bleuâtre. »

Le toucan à bec rouge, ou *ramphastos orythrorynchos*, du même auteur, est encore le même oiseau que notre tocan ; mais celui-là on le reconnoît du moins à ses couvertures jaunes du dessus de la queue, ainsi qu'au collier rouge de la poitrine, indiqué par ces mots : « Lunule sur la poi-« trine aussi de couleur rouge. »

Brisson a décrit cette espece aussi sous le nom de toucan à gorge blanche.

Le tocan se trouve dans toute l'Amérique méridionale ; il est sur-tout très commun dans une grande partie de la Guyane française et celle hollandaise, notamment dans les forêts des environs de Cayenne et de Surinam : il fréquente les bois, et a les mœurs et les habitudes du toco, c'est-à-dire qu'il se nourrit de fruits et non de poissons, quoi qu'en aient dit plusieurs nomenclateurs méthodistes.

Le Toucan à Collier jaune. Nᵒ 4.

LE TOCAN À COLLIER JAUNE.

(N° 4.)

CET oiseau est nouveau; du moins je ne le reconnois dans aucune des descriptions tronquées que la plupart de nos ornithologistes ont données des nombreuses especes de ce genre d'oiseaux: on n'en trouve d'ailleurs la figure nulle part. Le tocan à collier jaune est de la plus grande taille; il peut être mis à cet égard au rang et même à la tête des deux toucans précédents : le bec n'est cependant pas plus long que celui du tocan, auquel il ressemble absolument par sa forme, mais dont il differe par un peu plus d'épaisseur à sa base, ce qui le fait paroître plus court au premier aspect. Sa couleur est aussi un peu différente, en ce que le bout et les tranches de la mandibule inférieure sont noirs, et que les côtés sont d'un bel orangé, au lieu d'être porphirés de rouge et de noir. La mandibule supérieure porte une bande jaune sur son arête et dans toute sa longueur: la base du bec est terminée par trois bandes, tellement semblables aussi par leurs dispositions et leurs couleurs à celles de cette partie dans le tocan, que nous restons dans l'incertitude sur la question de savoir si cet oiseau forme une espece distincte du tocan, ou s'il en est seulement une variété de climat, d'autant plus que les attributs respectifs ont absolument les mêmes distributions, quoique différents par les couleurs, comme il est facile de le voir en comparant les figures. Tout le devant du cou est d'un blanc jaune terni, qui s'arrête à un large collier d'un jaune d'ochre, qu'on retrouve sur les couvertures, à barbes rares et décomposées, du dessus et du dessous de la queue. Le derriere de la tête et du cou, le manteau, le dos, les ailes, la poitrine, les flancs, le ventre, les cuisses, enfin tout le reste du plumage, ainsi que la queue, sont d'un beau noir. Les tarses et les pieds sont plombés ; les ongles noirs. La peau nue qui entoure les yeux m'a paru devoir être bleuâtre par la teinte qu'elle avoit conservée, quoique desséchée. Les ailes ployées ne dépassent pas le croupion de plus de deux pouces. Les pennes de la queue sont très larges et ont toutes la même longueur.

C'est à Lisbonne que j'ai acquis les deux seuls individus de cette espece que j'aie jamais vus : ils m'y furent vendus par un capitaine portugais qui m'assura les avoir achetés lui-même au Bresil : l'un est déposé dans le cabinet de mon ami, M. Raye de Breukelervvaert, à Amsterdam; l'autre.

celui que je viens de faire servir à ma description, et dont je donne la figure, fait partie de ma collection.

Gmelin a décrit un toucan sous le nom de *toucan proprement dit*, *ramphastos tucanus*, qui sembleroit d'abord être le toucan dont il s'agit dans cet article ; mais sa description est si incomplete, et tellement contradictoire avec elle-même, que j'avoue ne pouvoir l'appliquer à mon tocan à collier jaune. Au surplus, voici les propres paroles de ce naturaliste ; le lecteur jugera lui-même si l'on peut y reconnoître l'espece dont j'ai parlé : « Noir ; bande sur le ventre, de couleur jaune ; croupion et cou- « vertures inférieures de la queue, de la même couleur », c'est-à-dire jaune assurément, ce qui alors se rapporteroit assez jusqu'ici à mon tocan à collier jaune. Mais, après avoir établi la synonymie de son *toucan proprement dit* avec le toucan de Buffon, planche enluminée n° 307, et d'Edwaerds Glannures, planche 329, lesquelles planches représentent toutes deux un toucan très différent, et qui certes n'a rien moins qu'une bande jaune sur le ventre, cet auteur, dans la suite de sa description, donne à la *bande abdominale* et aux *couvertures du dessous de la queue* une couleur qui tire sur le rouge.

Telle est cependant la maniere dont assez généralement les oiseaux se trouvent décrits. Est-il étonnant d'après cela que chaque nouvel ornithologue, se contentant pour l'ordinaire de faire une froide compilation pour publier un livre nouveau avec sa nouvelle méthode, entasse erreur sur erreur, et augmente ainsi la confusion parmi les especes?

Le grand Toucan à gorge orange. n°5.

Barraband f.

De l'Imprimerie de Rousset.

Pérée sculp.

LE GRAND TOUCAN À GORGE ORANGE.

(N° 5.)

Ce toucan est encore de la taille des plus grandes especes : son bec a six pouces de longueur, prise en ligne droite, deux d'épaisseur, et quatorze à quinze lignes de largeur vers la bouche ; il est arrondi sur son arête supérieure, et un peu courbé par en bas ; il présente enfin les principaux caracteres qui constituent le genre auquel nous rapportons cet oiseau. Les deux mandibules ont à leurs bases une large bande jaune qui s'étend sur toute la longueur de la supérieure : le reste du bec est d'un beau noir luisant qui imite la corne polie. Les yeux sont placés dans un espace nud, dont la couleur desséchée présentoit une teinte bleuâtre, que nous lui avons conservée dans le dessin. La gorge, les côtés, et tout le devant du cou jusqu'à la poitrine, sont d'une superbe couleur jaune d'orange la plus vive. Un collier en forme de plastron, d'un beau rouge de vermillon, succede sur la poitrine au jaune du cou. Le dessus de la tête, le derriere du cou, tout le dos, ainsi que le manteau, les couvertures extérieures et du dessous des ailes, les ailes elles-mêmes, la queue, tout le dessous du corps, les flancs, les cuisses, et les jambes, sont d'un noir velouté, plus luisant sur les ailes et la queue : les couvertures du dessus et du dessous de cette derniere sont du rouge le plus éclatant ; ses pennes, égales en longueur, et les ailes ployées, se terminent précisément à l'endroit où elle commence. Les tarses, les pieds et les ongles sont noirs, offrant, à cela près, tous les caracteres de ces parties dans les autres toucans dont nous avons déja parlé. La langue étoit frangée et noire ainsi que l'intérieur des mandibules. Quant aux yeux, nous n'en connoissons pas la couleur, n'ayant vu de cet oiseau que la dépouille dans le précieux cabinet de M. Raye de Breukelerwaert, à Amsterdam.

Ce toucan habite le Pérou, à ce qu'on m'a assuré : au reste nous ne l'avons vu dans aucun des envois faits de la Guyane, où l'on a trouvé réunies cependant un grand nombre d'especes de ce genre d'oiseaux ; il n'est même connu dans aucun de nos cabinets en France : je ne l'ai vu enfin dans aucune autre collection que celle de M. Raye de Breukelerwaert.

Malgré les rapports qu'il y a entre cette espece et celle du toucan gorge jaune de Cayenne, dont nous parlerons, je pense qu'ils ne doivent

pas être confondus, et qu'ils forment, sinon deux especes bien distinctes,
au moins deux races constantes et permanentes dont chacune doit occuper
une place séparée. D'ailleurs, en comparant cette description à celle que
nous ferons du toucan gorge jaune de Cayenne, et en opposant l'une à
l'autre les figures de ces deux oiseaux, il sera facile de voir qu'ils ont
assez de traits de dissemblance pour former même deux especes isolées,
d'autant plus qu'il paroît que l'espece du toucan gorge jaune de Cayenne
se trouve aussi au Bresil, qui n'est pas assez éloigné du Pérou pour que
l'espece s'y fût autant variée. Je pense, au reste, quelle que soit l'opinion
des naturalistes, du public même à cet égard, qu'on ne me saura pas
mauvais gré d'avoir donné ici la figure exacte d'un des plus beaux toucans
connus, et qui, comparé à toutes les especes qui s'en rapprochent le plus,
offre une différence très marquée, qu'il n'étoit pas inutile de constater
et de rapporter.

Le grand Toucan à ventre rouge Nº 6

Barraband f.

De l'Imprimerie de Rousset.

Pérée sculpsit

LE GRAND TOUCAN À VENTRE ROUGE.

(N° 6.)

QUOIQUE ce toucan soit un peu plus petit que les précédents, nous lui appliquons l'épithète de grand, parcequ'il est nécessaire de le distinguer d'une autre espece à ventre rouge aussi, mais qui lui est inférieure de taille, dont le bec est différent du sien, et qui par conséquent doit avoir un nom qui lui soit propre. L'oiseau qui fait le sujet de cet article a vingt-un pouces de longueur du bout du bec à l'extrémité de la queue: celle-ci en ayant à elle seule six, et le bec quatre, plus neuf lignes, reste à-peu-près dix pouces pour la dimension du corps, y compris le cou. Les deux mandibules ont ensemble à leurs bases dix-huit lignes de hauteur sur quatorze à quinze de largeur; toutes deux à tranches dentelées: la supérieure est sillonnée longitudinalement sur chacune de ses faces vers le haut, et arrondie sur son arête, qui se termine en pointe aiguë et arquée, ainsi que la mandibule inférieure. Le bec, si on excepte une bande d'un gris verdâtre qui entoure à leurs bases les deux mandibules, et qui, sur l'inférieure, forme deux pointes qui s'étendent en avant, est en entier d'un beau noir, glacé de gris bleuâtre dans les parties que le jour frappe directement. Une ligne d'un noir pur, et qui s'élève un peu en bourrelet, termine les deux mandibules, et en dessine les contours d'une narine à l'autre: celles-ci sont cachées, comme dans toutes les especes de toucans proprement dits, sous ce bourrelet. La langue est noire, et les yeux, dont nous ne connoissons pas la couleur, mais que nous avons supposé jaunes dans notre dessin, sont entourés d'une peau nue d'un gris bleuâtre.

Tout le devant du cou de ce toucan est d'un riche jaune souci uniforme qui descend jusqu'à la poitrine, où il termine circulairement en forme de plastron. La poitrine et tout le devant du sternum jusqu'aux cuisses, ainsi que les flancs et le haut du ventre, sont d'un rouge éclatant qui se remontre sur toutes les couvertures du dessus et du dessous de la queue: cette vive couleur fait d'autant plus d'effet qu'elle est coupée par celle du bas-ventre, des cuisses et des jambes, qui sont d'un noir pur. La tête et tout le derriere du cou sont, ainsi que le dos et le manteau, d'un noir velouté. Les ailes, qui, dans l'état de repos, n'atteignent pas tout-à-fait l'extrémité des couvertures supérieures de la queue, sont d'un noir glacé de gris dans ses reflets, de même que toutes leurs plumes de recouvrement. La queue est large, arrondie à son extrêmité, et du même noir que les ailes. Enfin les écailles des tarses et des doigts sont d'un noir glacé de gris, et les ongles absolument noirs.

Cette espece se trouve au Pérou : j'en ai vu un bel individu dans le cabinet de madame Montreuil, à Paris ; j'en ai vu un autre chez le citoyen Borelly, et un troisieme dans la belle collection de Mauduit.

Buffon parle d'un toucan à ventre rouge qu'il n'a jamais vu, et dont il fait sa troisieme espece, mais qu'il ne décrit que d'après les nombreux auteurs qui, avant lui, en avoient fait mention : quoiqu'il soit assez difficile de déterminer ici si le toucan de cet article est ou n'est pas de cette espece, cependant, en prenant à la lettre la description de Buffon, nous ne pouvons que pencher pour la négative, car notre toucan à ventre rouge n'a pas *la poitrine d'une belle couleur d'or avec du rouge au-dessus, c'est-à-dire sous la gorge ;* le jaune est au contraire en haut, et le rouge en bas : il n'a pas non plus *le ventre et les jambes d'un rouge vif, ainsi que l'extrémité de la queue ;* ces parties sont au contraire noires. Au reste Thevet, qui le premier a parlé de cet oiseau, est si peu exact dans ses descriptions, qu'il est facile de voir qu'il n'en donne pas une seule de faite d'après nature ; ce qui n'a empêché aucun de nos ornithologues de les reproduire toutes dans leurs ouvrages. C'est ainsi, je le répete encore, que l'histoire des oiseaux s'est encombrée d'une multitude d'especes purement nominales, qu'on ne sait rapporter aujourd'hui à aucune de celles que nous connoissons. Il est donc très vraisemblable que ce toucan à ventre rouge de Thevet est notre toucan à ventre rouge; mais qu'il n'exista jamais tel qu'il le dépeint par les couleurs : et de plus n'assigne-t-il pas au bec la longueur du corps. Disproportion extravagante que nous ne voyons pas même, à beaucoup près, dans le toco, de tous les oiseaux connus de ce genre celui qui a le bec le plus extraordinairement grand. L'exagération, la négligence et la plus grande inexactitude caractérisent au reste tous les rapports des anciens naturalistes sur les objets qu'ils ont décrits ; de sorte qu'il n'est pas possible de les consulter sans courir le risque de s'égarer soi-même.

Le Pignancoin. N.º 7.

LE PIGNAN-COIN,

OU

TOUCAN À GORGE JAUNE.

(N° 7.)

Voici l'espece de toucan que Buffon a confondu avec notre tocan, représenté planche 3 de ce volume, en considérant ce dernier comme la femelle du premier, et de telle sorte que la description qu'il en donne ne se trouve convenir ni à l'un ni à l'autre de ces deux oiseaux, qui bien certainement forment deux especes très distinctes. Je dis que la description du toucan à gorge jaune de Buffon ne convient ni à l'une ni à l'autre de ces deux especes ; car elle est un composé des traits de chacune d'elles. Voyez seulement la description du bec, conçue en ces termes, page 179 de l'édition in-12 : « Le bec est noir, avec une raie bleue à son « sommet sur toute sa longueur ; la base du bec est environnée d'une « assez large bande jaune ou blanche ». Or il suffira au lecteur de confronter nos deux planches n° 3 et 7, ou même celles de Buffon, n° 269 ou 307, et celle n° 262, pour être convaincu de ce que j'ai avancé ; car cette prétendue femelle n° 262, qui est notre tocan, n'a pas le bec noir ; et celui qui est censé être le mâle, et qui est le toucan de cet article, n'a point de raie bleue au sommet et sur toute la longueur de son bec. Au reste, les figures exactes et les descriptions détaillées que nous donnons de ces oiseaux suffiroient seules pour prouver aux naturalistes l'erreur de Buffon à leur égard ; erreur d'autant plus impardonnable que le tocan a de fortes dentelures au bec, tandis que le toucan à gorge jaune n'en a que de très foibles : ce à quoi Buffon n'a pas fait attention, quoique son peintre l'ait très bien exprimé dans les figures que nous avons citées.

Les toucans ayant à-peu-près tous plus ou moins de jaune à la gorge, j'inviterois les naturalistes à changer le nom de *toucan à gorge jaune*, qu'on a appliqué à l'espece dont il est ici question, en celui de *pignan-coin* que lui ont donné les naturels de la Guyane, par allusion à son cri, qui rend ces deux mots de la maniere la plus distincte. Je crois même cette

substitution nécessaire, attendu que ce toucan n'est pas celui dont la
gorge soit le plus marquée de jaune : je pourrois même ajouter que, rigoureusement parlant, elle ne l'est effectivement point du tout, puisque la
gorge proprement dite d'un oiseau ne s'entend que de cette partie du cou
qui correspond directement au-dessous du bec. Or cette partie est blanche
dans notre pignan-coin ; et ce n'est que plus bas qu'il porte du jaune.

Ce toucan est d'une taille moyenne, c'est-à-dire qu'il est beaucoup moins
fort que le toco, ou même que le tocan : son bec, quoique long et épais,
n'acquiert jamais non plus le volume de celui de ce dernier ; car, dans
les mâles parvenus à leur état parfait, cette partie ne va pas au-delà de
quatre pouces et demi de long sur dix-huit à vingt lignes dans sa plus
grande épaisseur : il est très arqué, la mandibule supérieure étant près
du double plus épaisse que l'inférieure ; la couleur extérieure en est
par-tout d'un beau noir d'ébene, si ce n'est qu'à la base regne une
large bande d'un gris bleuâtre, susceptible de se dénaturer, et prenant
alors une teinte jaune. Cette bande est terminée du côté de la tête par
une raie noire qui dessine les contours des deux mandibules. Le dedans
du bec est rougeâtre ; la langue noire et formée comme celles généralement
de tous les toucans. La mandibule supérieure présente sur sa partie la
plus élevée une espece d'enfoncement qui fait détacher son arête en forme
de côte depuis sa base jusqu'aux deux tiers de sa longueur. Les yeux sont
entourés d'une peau nue, ridée, et de couleur bleuâtre. Dans leur état de
repos, les ailes ne dépassent pas la naissance de la queue, qui est arrondie à son extrémité, ses plumes latérales se trouvant un peu plus courtes
que les intermédiaires.

Le pignan-coin se distingue par une belle plaque jaune d'orange, qui,
du milieu du cou, descend jusque sur la poitrine, et dont l'effet est d'autant plus agréable qu'elle se trouve encadrée dans le blanc le plus pur
qui couvre la gorge ou la partie haute du cou, et ses côtés, tandis que
par en-bas elle touche à un large plastron rouge qui ceint la poitrine : ce
plastron, bien différent du collier étroit que porte le tocan, s'étend, chez
les mâles, jusque vers le milieu du corps. Les couvertures du dessus et
du dessous de la queue, composées de plumes soyeuses, sont du même
rouge que celles de la poitrine : tout le reste du plumage est, sur le corps,
d'un noir mat ; et, sur les ailes et la queue, d'un noir qui, dans les reflets,
prend une nuance verte et luisante. Les pieds, couverts de larges écailles,
ont les caracteres de ceux des autres toucans, et sont bleuâtres ; les ongles
en sont noirs : enfin, pour ne rien omettre, nous dirons que la peau de
l'oiseau est bleue.

La femelle est un peu plus petite que son mâle, et a le bec plus court
de près d'un pouce que celui de ce dernier : la plaque jaune du cou n'est
encore ici ni aussi étendue, ni d'une couleur aussi vive ; et le plastron
rouge, quoique au moins trois fois aussi large que le collier du tocan, ne

s'avance pas autant sous le corps. On est d'autant plus surpris que Buffon ait regardé l'espece du tocan comme la femelle du toucan dont nous parlons, qu'il avoue que les femelles sont en général, à peu de chose près, de la grandeur des mâles, tandis que la femelle se trouveroit ici beaucoup plus forte que son mâle, puisqu'il est certain que le tocan, qui est véritablement l'espece que cet habile naturaliste a prise pour la femelle du pignancoin, est, en masse, à-peu-près du double plus forte que celui-ci.

C'est de la gorge du pignan-coin que les sauvages de Cayenne et de Surinam, où cette espece est fort commune, se servent de préférence pour se faire des parures. On a aussi importé en Europe beaucoup de ces gorges, dont nos dames n'ont pas dédaigné de se faire des garnitures de robes ou de pelisses, et même des manchons : la mode s'en est passée, heureusement pour les naturalistes ; car ils voyoient avec peine arriver des cargaisons entieres de ces dépouilles, et rarement l'oiseau lui-même. En revanche, et grace au goût changeant du beau sexe, le contraire a lieu aujourd'hui, et nos cabinets abondent en individus de la belle espece que nous venons de faire servir à cet article.

La meilleure de toutes les figures que les naturalistes ont publiées de cet oiseau est sans contredit celle qu'Edwards en a donnée ; et Brisson l'a décrit avec cette exactitude qu'on retrouve à l'égard de toutes les especes qu'il a vues par lui-même, et qui le fait consulter avec fruit.

LE PETIT TOUCAN À VENTRE ROUGE.

(N° 8.)

Cette espece, la plus petite de toutes celles que nous connoissions du
genre proprement dit des toucans, est à-peu-près d'un tiers moins forte
que celle que nous avons décrite sous le nom de grand toucan à ventre
rouge, dont elle diffère aussi par les formes et les couleurs de son bec.
Nous avons cru devoir parler séparément de chacun de ces deux oiseaux
comme de deux especes distinctes, parceque nous avons pensé qu'il seroit
absurde de considérer le petit toucan, dont il s'agit ici, comme une simple
variété du grand, vu qu'il a les tranches du bec dentelées avec plus de
force. Il est bien vrai que quelques oiseaux adultes, et à bec dentelé,
n'ont souvent pas dans leur jeune âge cette marque distinctive aussi pro-
noncée ; mais cela ne dit rien qui puisse contrarier mon opinion sur la
diversité spécifique de nos deux oiseaux, puisque le petit toucan à ventre
rouge, qui est, comme je l'ai déja dit, le plus petit, et qu'on supposeroit
par cette raison, avec plus de vraisemblance, pouvoir n'être qu'un jeune
oiseau, est justement celui qui se trouve avoir le bec plus dentelé ; et que
jamais il n'est arrivé qu'un oiseau ait eu le bec naturellement plus dentelé dans son jeune âge que parvenu dans son état parfait. D'ailleurs,
comme il ne m'arrive jamais non plus de décrire un oiseau que je ne
l'aie vu, et qu'il est très facile de distinguer à la nature de ses plumes
si un individu est dans son jeune âge, ou s'il est adulte, je puis assurer
avec connoissance de cause que ceux dont nous parlons avoient atteint
l'âge de leur état parfait. Si donc les naturalistes croient devoir les réunir,
en considérant l'un comme une variété de l'autre, au moins devront-ils
les considérer comme deux races constantes et permanentes, dont les
individus conservent inaliénablement les caracteres respectifs ; ce qui,
quoi qu'on en dise constitue bien certainement deux especes. Au reste, il
nous est prouvé par des exemples, que la nature a formé beaucoup d'autres
oiseaux qui, pour être autant et même plus ressemblants entre eux, n'en
différoient pas moins non seulement d'espece, mais souvent même de
genre.

Nous avons déja fait observer, en parlant de l'espece du grand toucan
à ventre rouge, que la description que donne Buffon de celle qu'il dé-
signe sous le nom de *toucan à ventre rouge* ne se rapportoit pas à la

Le petit Toucan, à ventre rouge. N.º 8.

nôtre ; nous ajouterons qu'elle n'est pas plus conforme à l'espece actuelle : de sorte qu'il est difficile et même impossible de rapporter avec certitude cette description de Buffon à l'un plutôt qu'à l'autre de nos deux toucans. Cependant, comme ce naturaliste dit positivement que son toucan à ventre rouge a la mandibule inférieure du bec une fois moins large, près de l'extrémité du bec, que ne l'est la mandibule supérieure, il est probable que c'est notre petite espece dont il a voulu faire le sujet de sa description ; et d'autant plus probable que nous voyons dans ses planches enluminées, n° 269, la figure d'un petit toucan, qui, toute mauvaise qu'elle est, nous paroît être celle de notre oiseau, quoique dans la description de son toucan à ventre rouge l'auteur ne renvoie pas à cette figure, qu'il ne cite qu'en parlant de son toucan à gorge jaune, considérant comme une variété de ce dernier le toucan que représente cette figure, tandis qu'ailleurs il auroit décrit, d'après Thevet, ce même toucan à ventre rouge comme une troisieme espece de toucans, dont la premiere seroit le toco, et le toucan à gorge jaune la seconde.

Gmelin, dans sa description du toucan à ventre rouge, n° 9, *ramphastos picatus*, n'est pas plus exact que Buffon dans la sienne ; car cet oiseau n'a pas, comme il le dit, la poitrine jaune, ni la queue ponctuée de rouge à son sommet. On voit clairement par-là que, confondant aussi les especes, ce naturaliste décrit, quoique d'une maniere imparfaite, notre petit toucan à ventre rouge sous le nom de toucan à gorge jaune, n° 10, *ramphastos dicolorus;* description dans laquelle il renvoie à la planche 269 de Buffon, qui est, ainsi que nous l'avons fait observer, celle de notre petit toucan à ventre rouge, lequel est bien différent du véritable toucan à gorge jaune de Cayenne, ou de notre pignan-coin.

D'après toutes ces observations, exactement fondées sur la vérité, ainsi que chacun peut s'en convaincre, on ne doit pas être surpris de trouver tant d'incohérences parmi les auteurs en ornithologie. Quel dédale en effet, et comment s'y reconnoître, lors sur-tout que l'on fait attention que presque tous les ouvrages qu'on nous a donnés sur cette matiere ne sont que de froides compilations, et que ces prétendus naturalistes n'ont jamais eu sous les yeux les objets dont ils nous parlent cependant avec tant d'assurance ! Cette maniere d'écrire est des plus blâmables, car elle ne sauroit jamais produire qu'erreurs sur erreurs.

Le lecteur peut compter de trouver dans la figure que nous publions du petit toucan à ventre rouge le portrait fidele de cet oiseau, très rare encore dans nos collections, et dont nous allons donner une description d'autant plus exacte qu'elle a été vérifiée sur cinq individus de l'espece, que nous avons examinés à loisir, tant à Paris, dans le beau cabinet de Mauduit, chez madame de Bandeville, et M. Bargeton, qu'à Madrid chez M. Davilard : le cinquieme fait partie de ma collection ; et la plupart de ces individus, leurs possesseurs les avoient reçus du Bresil. J'observerai ici que je n'ai vu cette espece ni la grande dans aucun des envois faits de Cayenne ou de Surinam.

Le bec de cet oiseau, dont la longueur est de trois pouces et demi sur dix-huit lignes de hauteur, est très applati sur les côtés, où la mandibule supérieure présente dans sa partie plus élevée un enfoncement qui, quoi-qu'en s'amoindrissant toujours, se prolonge jusque près de sa pointe; ce qui détache l'arête de cette mandibule, et lui donne la forme d'une côte moins saillante vers le front. Cette arête est d'un jaune de soufre, ainsi que celle du dessous de la mandibule inférieure; couleur qui est aussi celle des tranches des deux mandibules, quoique, précisément sur les dentelures, on remarque quelques traits rougeâtres. Les parties mitoyennes du bec sont d'un verd olivâtre, et sa base est entourée d'une bande noire, à-peu-près égale sur tous les points de la mandibule supérieure, mais qui, dans son milieu sur l'autre, prend la forme d'un angle rentrant: l'intérieur du bec enfin est jaunâtre ainsi que la langue. La peau nue qui environne les yeux m'a paru, dans le seul individu préparé dont on n'eut pas peint cette partie, être d'un rouge très pâle : quant à la couleur des yeux, nous ne la connoissons pas; mais nous pensons qu'à cet égard on peut s'en rapporter à la description qu'en a donnée Buffon d'après Thevet, quoique, ce que cet auteur dit d'ailleurs de cet oiseau étant fort inexact, il pût bien se faire que sa description des yeux ne le fût pas moins : « L'iris est noire, entourée d'un cercle blanc, qui l'est lui-« même d'un autre cercle jaune ». Le dessus de la tête, le derriere du cou, et tout le dessus du corps, y compris les ailes et la queue, sont d'un beau noir velouté. La gorge proprement dite est d'un blanc légèrement soufré, et se fonçant toujours davantage à mesure qu'il descend : tout le reste du devant du cou est d'une belle couleur jaune souci, des plus éclatants, qui, sur les bords latéraux, se dégrade insensiblement en un jaune soufre, terminé au bas par un rouge vif qui descend jusque sous le ventre. Cette derniere partie et les plumes des jambes sont noires. Les couvertures du dessus et du dessous de la queue sont effilées, soyeuses, et du même rouge que la poitrine. Les pieds sont d'un noir verdâtre, et les ongles noirs. La queue est arrondie à son extrémité ; et les ailes ployées se terminent précisément à l'endroit où elle commence.

Le Toucard. Nº 9.

LE TOCARD.

(N° 9.)

Cet oiseau, dont on ne trouve ni la description ni la figure dans aucun auteur, forme une espece absolument nouvelle, inconnue aux naturalistes, et qu'il seroit impossible de placer ailleurs que dans le genre des toucans proprement dits ; car il en a les formes et tous les caracteres, c'est-à-dire la queue arrondie, la langue cartillagineuse, plate, et barbée comme une plume, les pieds épatés, le tarse gros, les doigts réunis deux à deux, et couverts de larges écailles, les ailes courtes, et enfin les narines cachées sous le bourrelet que forme sur le front la mandibule supérieure. Les couleurs de son plumage, et leur distribution, le feroient même prendre au premier coup-d'œil pour une variété de l'espece du tocan, avec la femelle duquel il a quelque ressemblance par la blancheur de tout le devant de son cou ; mais dont il differe par la couleur des couvertures du dessus de la queue, qui sont rouges ici, tandis que celles de cette femelle sont jaunes comme celles de son mâle : mais il differe encore, spécifiquement et d'une maniere frappante, non seulement du tocan, mais même de tous les autres toucans, par la forme et les couleurs de son bec, long de cinq pouces et demi, arrondi sur ses côtés, ainsi que sur son arête arquée en faulx, et dont les mandibules sont dentelées sur leurs tranches, et à pointes mousses : tandis que les toucans, que nous avons décrits ailleurs, ont tous le bec plat sur ses côtés, et une bande plus ou moins large à la base des mandibules ; caracteres indélébiles qu'on retrouve dans tous leurs individus des deux sexes et de tout âge, et qui, manquant totalement ici, doivent nécessairement faire du tocard une espece particuliere : c'est aussi ce qui nous a déterminés à donner à cet oiseau un nom propre qui le distinguât de tous les autres toucans connus.

Si des formes nous passons aux couleurs de son bec, et à leur distribution, nous y remarquerons des différences non moins sensibles que dans les premieres avec celles de cette partie dans ses congéneres. La mandibule inférieure du bec du tocard est tout entiere d'un brun verdâtre uniforme, tandis que la supérieure se trouve partagée de chaque côté, et diagonalement, en deux parties presque égales, dont l'une est jaune, et l'autre du même brun verdâtre, par une ligne noire qui descend de la hauteur des narines jusqu'à la tranche de cette mandibule. L'intérieur du bec est orangé ainsi que la langue. Nous ne connoissons pas la couleur des yeux, n'ayant eu de cet oiseau que la dépouille qui fait partie de mon cabinet. La peau nue qui entoure les yeux, desséchée, m'a paru bleuâtre ainsi que celle des pieds.

Quant aux couleurs du plumage, tout le devant du cou, depuis le dessous du bec jusqu'à la poitrine, est d'un blanc pur : celle-ci est ceinte d'un large collier rouge ; couleur qu'on retrouve la même sur les couvertures du dessus et du dessous de la queue. Le reste du plumage est d'un noir mat sur le corps, et d'un noir luisant et changeant sur les ailes et la queue : les dernieres pennes de celle-ci sont un peu plus courtes que les intermédiaires.

HISTOIRE NATURELLE

DES

TOUCANS ARACARIS.

Les aracaris forment, comme nous l'avons déja dit, une seconde famille
dans le genre entier des toucans : ils different des toucans proprement dits
par plusieurs caracteres faciles à saisir; plus sveltes de corps , et par conséquent plus allongés , plus élancés, ils ont encore le bec moins disproportionné à leur taille, et d'une contexture plus solide que ces derniers;
ce qui les rend aussi plus forts dans l'attaque ou la défense, et plus habiles
à ouvrir les fruits dont ils font leur nourriture. Cette partie est cependant
creuse ici comme chez les toucans, et remplie seulement de cloisons déli-
cates; mais l'enveloppe en est plus épaisse, et c'est là que réside sa force.
Les narines, placées à la naissance du front, ne pénetrent pas plus avant
dans la mandibule supérieure que celles des toucans, et n'en different
d'ailleurs que pour être visibles sur le bec, leur ouverture étant taillée
sur les bords de cette mandibule, dont le sommet se prolongeant sur
le front y forme un profond feston, aux extrémités duquel elles se trouvent percées.

A ces caracteres distinctifs des aracaris si nous ajoutons que, vus de
face, ces oiseaux ont le tour de la tète plus grand que celui du bec à sa
base, et qu'ils ont toutes les plumes de la queue très considérablement
étagées, on sentira qu'ils présentent une physionomie assez différente de
celle des toucans proprement dits pour qu'on doive mettre entre eux et
ces derniers une petite ligne de démarcation qui, sans les séparer tout-
à-fait, conserve les rangs que la nature leur a respectivement assignés.
Les aracaris ont les pieds et la langue faits comme ceux des toucans;
ils ont tous (toutes les especes du moins que nous connoissions) le bec
dentelé, et les yeux circonscrits dans une peau nue ridée : les ailes ne
s'étendent pas chez eux au-delà de la naissance de la queue, et celle-ci
a aussi dix pennes.

En deux mots, dans le genre des toucans, les aracaris sont aux toucans proprement ainsi nommés, ce que, dans celui des corinacés , les

pies sont aux corbeaux ; ce que, parmi les calaos, les calaos sans casque
sont aux calaos casqués ; ou encore ce que, dans le genre des perroquets,
les perruches sont aux perroquets proprement dits, etc., etc. Les aracaris
étant au moral ce qu'ils sont au physique, comparés aux toucans, sont aussi
plus actifs que ces derniers, et n'ont pas comme eux l'air niais et stupide:
le regard est ici plus assuré, les mouvements sont plus prompts, le vol
est plus rapide ; les aracaris franchissent même d'un seul trait un plus
long espace que les toucans, ce qui les fait aussi entreprendre des voyages
de plus long cours. Comme tous les toucans, du reste, l'aracari est fru-
givore, et niche dans des creux d'arbres vermoulus.

La distinction que nous avons faite entre les véritables toucans et les
aracaris avoit été pressentie par Buffon, quoique plusieurs méthodistes
avant lui eussent confondu ces oiseaux sous une même dénomination ;
erreur que Gmelin ne s'est pas contenté de partager, mais à laquelle il
est venu ajouter en plaçant même le momot dans le genre des toucans
et des aracaris, quoique entre ceux-ci et le momot il n'y ait aucune analogie de mœurs et de formes.

S'il étoit vrai, comme le dit Buffon, que les Bresiliens eussent appliqué
à ces deux sortes d'oiseaux les noms de toucans et d'aracaris, comme
ceux de kararouima et de grigri leur auroient été donnés à la Guyane par
les naturels du pays, il seroit certain que ces divers peuples auroient
observé entre ces oiseaux des différences marquées ; et cela viendroit à
l'appui de mon opinion sur les toucans et les aracaris : mais il est bien
plus probable que ces noms s'appliquent, chez les Bresiliens et les naturels
de la Guyane, à quelques especes particulieres, parceque des sauvages ne
me paroissent pas susceptibles d'un degré d'intelligence tel qu'on puisse
les supposer avoir conçu les divisions par genres. L'observation que je
me permets ici est d'autant plus fondée, que Buffon lui-même, en décrivant sa premiere espece d'aracaris, sous le nom de *grigri*, dit très
positivement qu'elle est ainsi appelée à la Guyane, parceque ce mot en
exprime à-peu-près le cri aigu et bref. Ce nom n'est donc pas celui des
aracaris en général, mais bien celui d'une espece particuliere d'aracaris,
comme le nom de koulik est celui de la seconde espece décrite par ce
naturaliste.

Nous allons passer aux différents aracaris connus, auxquels même nous
avons la satisfaction de pouvoir ajouter une espece nouvelle, et plusieurs
belles variétés. Cette série formera le complément du genre entier, et
composera notre seconde division des toucans.

Le Aracari, à ceinture rouge. Nº 10.

Barraband pinx.

LE GRIGRI,

OU

L'ARACARI À CEINTURE ROUGE.

(N° 10.)

BUFFON s'est encore mépris à l'égard de cet oiseau, en le confondant avec une autre espece, que tous les nomenclateurs ont décrite sous le nom de toucan verd, et que nous nommons, nous, *aracari verd*, dans la description fidele et des deux sexes que nous en donnons. Il suffiroit même au lecteur, pour se convaincre de l'erreur de Buffon, de jeter les yeux sur les deux figures exactes, et de grandeur naturelle, que nous avons publiées des deux especes qui l'ont occasionnée, et dont l'une est du double plus forte que l'autre ; différence dont ce naturaliste ne fait aucune mention, non plus que de bien d'autres qu'il nous sera facile de faire remarquer.

Le nom d'*aracari à ceinture rouge* caractérisant au mieux l'espece dont nous faisons le sujet de cet article, puisqu'elle est en effet le seul des toucans connus qui ait le milieu du corps ceint d'une large bande rouge, je proposerois que ce nom lui fût appliqué de préférence à tous autres qu'elle porte dans les différents ouvrages où il en est question ; je penserois aussi qu'on devroit commencer par le substituer à celui de *grigri* que Buffon donne à cet oiseau, parceque s'il est vrai qu'il l'ait ainsi nommé par allusion à son cri aigu et bref, il ne l'est pas moins que ce naturaliste ayant fait de deux une seule espece, on se trouve, même par sa description, dans la presque impossibilité de déterminer à laquelle des deux il faut attribuer ce cri. Cette dénomination nous paroit d'ailleurs d'autant plus préférable, qu'il n'est personne qui ne reconnût à ce nom dans une collection l'oiseau dont nous parlons, puisqu'il est, je le répete, le seul toucan connu qui ait cette marque distinctive.

L'aracari à ceinture rouge, mâle, a dix-huit pouces de longueur totale; savoir, le bec quatre et demi, et la queue six ; ce qui réduit à huit, à-peu-près, la dimension du corps, y compris la tête et le cou. Le bec est

convexe sur les faces, et trilobe à sa base. Les dentelures de la mandibule supérieure sont très fortement marquées ; celles de l'inférieure beaucoup moins : elles sont toutes deux arquées en faulx. La première est
blanche sur les côtés, et porte sur toute la longueur de son arête une
bande noire qui, pénétrant sur le front, y forme un triangle isocele à
bordure blanche. Cette bande noire, qui, à la base du bec, occupe l'espace
compris entre les deux narines, se prolonge, en se rétrécissant par degré,
jusqu'à un pouce de sa pointe. De chaque côté des narines descend encore, jusqu'à la tranche de la mandibule supérieure, une ligne noire qui
se porte ensuite en avant jusqu'à la première dentelure, en laissant partout derriere elle une portion blanche correspondante à la ligne blanche
de la pointe qui s'avance sur le front ; ce qui produit un effet très agréable,
et d'autant plus que la mandibule inférieure étant toute noire, et terminée
aussi à sa base par une ligne blanche de la même largeur qui en fait le
tour, toute la face de l'oiseau se trouve comme encadrée dans un cordon
blanc. L'intérieur du bec est noir sur les côtés, et jaunâtre dans le milieu.
La langue est d'un noir olivâtre, et porte sur toute sa longueur une ligne
jaune ; ce qui, vu sa forme, la feroit volontiers prendre pour une plume à
côte jaune.

La tête et le cou, si on en excepte une tache triangulaire d'un brun
marron sur chaque oreille, sont entièrement d'un noir luisant ; et la poitrine, le ventre, les couvertures du dessous de la queue, d'un beau jaune.
Le milieu du corps est traversé par une bande rouge qui s'élargit insensiblement en se portant sur les flancs. Ce même rouge couvre tout le
croupion, et se montre encore en coups de pinceau sur le haut et à travers la couleur jaune de la poitrine. Les plumes des jambes sont d'un
verd olivâtre, égayé de quelques traits jaunes et rouges. Le manteau, les
couvertures supérieures de la queue, les pennes de celle-ci, et celles des
ailes, sont en-dessus d'un verd sombre : le revers de la queue est d'un
verd luisant, glacé de gris ; et celui des ailes d'un noir glacé de gris à la
pointe, et d'un blanc jaunâtre par-tout ailleurs. Enfin les yeux sont jaunes ;
la peau nue qui les entoure est bleuâtre : les ongles sont noirs, et les pieds
verds. Nous observerons que, desséchés, ces derniers paroissent noirs.

La femelle de l'aracari à ceinture rouge differe du mâle par sa taille
toujours plus petite, et sur-tout par son bec plus court que celui de ce
dernier. Le rouge du haut de la poitrine ne se montre chez elle que
très foiblement ; mais, à cela près, quant aux couleurs elle ressemble
absolument au mâle, si ce n'est encore qu'elle n'en a ni les taches rousses
des oreilles, ni le rouge des plumes des jambes ; ce qu'on ne retrouve pas
non plus, au reste, dans les jeunes mâles.

Buffon a publié une figure de cet aracari, n° 166 de ses planches enluminées, sous la dénomination de toucan verd du Bresil, quoique dans
ses descriptions il le nomme grigri, en renvoyant à cette figure dont le

bec est entièrement brun, et la peau nue qui entoure les yeux, rouge :
telle est du moins cette figure dans mon exemplaire ; car il est bon d'observer ici qu'il y a peu d'uniformité dans cette partie de l'ouvrage de notre
immortel écrivain.

Le grand Linnée a fait mention de la même espece sous le nom latin
tucanus aracarii : Brisson l'a décrite sous celui de toucan verd du Bresil ;
et Bellon la donne pour un oiseau aquatique, apporté des terres neuves
(c'est probablement ce qui a fait croire et dire à tant de nomenclateurs
que les toucans se nourrissoient de poissons) : Barrere en a fait un pic ;
et Klein un coucou : plusieurs voyageurs enfin l'ont prise pour une pie.

Cet oiseau abonde dans toute la Guyane, où il fait beaucoup de dégâts
dans les plantations de bananes, de goyaves, et même de café : on le
trouve aussi au Bresil, mais j'ignore s'il y est aussi commun que dans
cette autre contrée.

L'ARACARI À DOUBLE CEINTURE.

PREMIERE VARIÉTÉ DE L'ARACARI A CEINTURE ROUGE.

(N° 11.)

On reconnoît au premier coup-d'œil que cet oiseau n'est qu'une variété de l'espece précédente, dont il differe par une seconde ceinture plus étroite que la premiere, qui lui traverse la poitrine, et dont la couleur est noire. A cela près, tout est semblable, forme et couleurs. Cet individu a été apporté du Pérou, et fait partie du superbe cabinet de M. de Raye de Breuklervaert, à Amsterdam.

Il seroit sans doute intéressant de savoir si dans cette contrée tous les individus de cette espece ont comme celui-ci une double ceinture, ou si celle qu'ils ont de plus que notre Aracari à ceinture rouge n'y est que pour le mâle un caractere qui le distingue de sa femelle, ou bien encore s'il ne faudroit pas regarder cette seconde ceinture comme une de ces variations accidentelles, passageres, et momentanées, telles qu'on en observe parmi tant d'autres especes d'oiseaux. Les renseignements seroient ici d'autant plus utiles, qu'ils nous éclairciroient un point d'histoire naturelle qu'il importeroit beaucoup d'approfondir ; j'entends des variations que la différence des climats qu'elle habite peut faire subir à une même espece, ce sur quoi nous n'avons encore que de foibles apperçus ou même que des conjectures hasardées. Le génie créateur de Buffon suppose ces variations tellement considérables, qu'il lui arrive quelquefois de donner comme variété d'une espece un oiseau d'un genre différent ; mais nous avons eu si souvent occasion de relever à cet égard les erreurs de ce grand naturaliste, et même de prouver que ces variations attribuées à la différence des climats étoient nulles pour ceux du midi de l'Afrique et du nord de l'Europe comparés, que nous n'y reviendrons pas ici. Cette derniere observation, quoiqu'elle ne puisse pas être donnée pour la preuve d'une loi générale, c'est-à-dire qu'on ne puisse pas conclure du midi de l'Afrique et du nord de l'Europe pour tous les climats du globe, emporte cependant une forte présomption contre des variations supposées si grandes, qu'elles auroient entièrement dénaturé les formes et les couleurs.

L'Aracari à double ceinture. N.º 11.

Barraband pinx. t   De l'Imprimerie de Rémond   Pérée sculp.t

L'. Aracari à ceinture rouge, dans son extrème viellesse. N°12.

L'ARACARI À CEINTURE ROUGE,

DANS SON EXTRÊME VIEILLESSE.

(N° 12.)

Cet individu nous offre en moins la différence que nous a montrée en plus sur les attributs de l'espece de l'Aracari à ceinture rouge, celui de l'article précédent ; car non seulement il manque de cette seconde ceinture noire et de luxe qui orne la poitrine de ce dernier, mais la rouge même, celle de l'espece, se trouve entièrement effacée chez lui : je dis *effacée*, parcequ'il est certain que sa disparition n'est que l'effet des ravages du temps : on en apperçoit même encore sensiblement la trace quoique très légèrement formée par une foible teinte d'un jaune bruni et différent de celui du reste du dessous du corps, qui lui-même a dégénéré et pâli. Le *rouge du croupion* s'est changé en un jaune roussàtre , et les parties blanches du bec ont aussi pris cette sinistre couleur.

Cette seconde variété qui paroîtra peut-être fort extraordinaire aux yeux des ornithologistes inexpérimentés ne présente cependant rien que de très ordinaire chez les oiseaux arrivés à un certain âge ; observation qui , pour n'avoir pas été faite , n'en est pas moins une vérité de fait fondée elle-même sur cette loi générale qui pese indistinctement sur tout ce qui *est* dans la nature. Chaque être prend avec les diverses époques de son existence une physionomie nouvelle ; et à l'égard des oiseaux, nous avons tant de fois prouvé combien ils étoient différents d'eux-mêmes, suivant qu'on les considéroit dans leur premier âge, dans leur état parfait, ou même dans leur passage de l'un à l'autre état, que ce que nous disons ici n'a rien de surprenant. Nous voyons dans l'Aracari sans ceinture un oiseau dépouillé des attributs du bel âge et qui ne nous offre plus que l'image de la vieillesse ou de la caducité.

Nous l'avons déja dit bien des fois, et après l'avoir vérifié sur un grand nombre d'individus : parvenus à une certaine époque de leur vie, les oiseaux perdent la faculté de se régénérer pour ainsi dire, en cessant de changer de plumage ; les mues périodiques qui, tous les ans, renouveloient leurs plumes, et les présentoient avec la même fraicheur de coloris, n'ayant alors plus lieu, il est certain que celles-ci, restant constamment les mêmes, doivent à la longue se détériorer, et même se décolorer entièrement, tout ainsi que cela arrive dans nos collections lorsque les oiseaux s'y trouvent exposés à la lumière, quoique renfermés dans des armoires vitrées. C'est cet état de dépérissement que nous présente l'individu dont il est question dans cet article, et qui non seulement a perdu ses belles couleurs, mais qui porte encore sur tous ses traits les marques de l'extrême vieillesse. Le rouge s'est changé en jaune éteint, parceque cette couleur est la base de la couleur rouge. Le blanc du bec a jauni, comme nous voyons que l'ivoire, les dents, les os, et généralement tout ce qui est blanc jaunit aussi par vétusté. Tel est l'effet rapide des années, qui, en s'accumulant, changent et dénaturent, pour ainsi dire, les objets, au point de rendre méconnoissable ce qui d'abord nous avoit séduit par sa beauté.

L'Aracari Koulik mâle de la Guyane. n.º 13.

L'ARACARI KOULIK MÂLE DE LA GUYANE.

(N° 13.)

JE laisse à cet aracari le nom de *koulik*, qu'il porte à Cayenne, et que lui ont
donné les créoles du pays, parcequ'il exprime exactement son cri : il est
beaucoup plus petit que l'espece de l'aracari à ceinture rouge de l'article
précédent, et sur-tout bien moins long, parcequ'il a le bec et la queue, proportion même gardée, beaucoup plus courts qu'elle ; ce qui lui donne une
forme moins dégagée, et le rend aussi plus lourd. Ses ailes, dont la pointe,
lorsqu'elles sont ployées, ne passe pas le croupion, sont encore remarquables par leur peu d'ampleur, ce qui ne lui permet pas de s'élever fort
haut, et donne peu de grace à son vol. Du reste cet oiseau est aussi agréablement paré que les autres especes de sa famille ; car il en a toutes les couleurs, quoique différemment distribuées chez lui. Le noir y occupe la tête,
tout le cou, et la poitrine jusqu'au milieu du corps ; mais ce noir est relevé
par une tache triangulaire d'un beau jaune d'or qui couvre les oreilles, et
par un collier aussi jaune d'or, qui le termine sur le derriere du cou. La
partie abdominale, le bas-ventre, et les plumes des jambes, sont d'un verd
olivâtre, égayé de jaune, distribué en coups de pinceau sur le milieu du
ventre, et d'un roux vif vers les cuisses. Les couvertures du dessous de la
queue sont d'un rouge très éclatant : les scapulaires, le dos, le croupion,
et les couvertures supérieures de la queue, sont d'un verd jaunâtre, ainsi
que les ailes et le dessus de la queue, qui ont cependant une teinte un peu
plus sombre ; mais les pennes de cette derniere portent toutes une tache de
roux-marron à leur pointe. Le revers des ailes est en grande partie d'un blanc
jaunâtre, parceque telle y est la couleur de leurs couvertures et celle des
bords internes des barbes de leurs pennes, qui sont ailleurs d'un gris cendré
en-dessous, et d'un brun-olivâtre en-dessus. Le revers de la queue, où les
taches brun-marron sont plus foibles qu'en-dessus, est d'un gris-brun. La
base du bec est d'un rouge de brique plus foncé sur la mandibule supérieure
que sur l'inférieure, et s'étendant beaucoup plus sur celle-ci vers la pointe
du bec, qui est dans tout le reste d'un noir d'ébene, si ce n'est que les dentelures de toute la mandibule supérieure (l'inférieure n'en a pas) sont marquées chacune d'un peu de rouge et d'un trait blanc qui les font parfaitement

ressortir sur le fond noir du bec. Les yeux dont nous ne connoissons pas la couleur sont environnés d'une peau nue, qui m'a paru devoir être bleuâtre, ainsi que les pieds. Les ongles sont noirs : le dedans du bec enfin est rougeâtre; et la langue, qui est plumeuse comme celle de tous les toucans, est rouge à sa base, et noire dans tout le reste.

L'Aracari Koulik femelle. n.º 14.

L'ARACARI KOULIK FEMELLE.

(N° 14.)

COMME chez tous les toucans, la femelle est ici plus petite que le mâle : mais il faut observer que, comme il y a beaucoup de variations dans la taille des différents individus de l'espece de l'aracari koulik (ce qui provient, je l'ai déja dit bien des fois, d'une nourriture plus ou moins abondante), il seroit très possible de réunir telle femelle qui fût plus grande que tel mâle : il suffiroit pour cela de prendre celui-ci parmi ceux qu'on tue dans les lieux éloignés de toutes plantations, et la femelle parmi celles engendrées et vivant proche des habitations, où les oiseaux sont toujours plus forts. Dans notre Europe même, où il est bien moins de terrains incultes que dans les colonies, et où, s'il y en a, les oiseaux peuvent se transporter plus prompte-ment dans les lieux cultivés, nous voyons que les perdrix qui habitent les montagnes et les landes sont beaucoup plus petites que celles qui vivent dans nos terres ensemencées. Et les moineaux qui habitent nos villes et nos campagnes fertiles ne sont-ils pas toujours plus gros que ceux qui vivent dans les bois ? Il en est ainsi de tous les animaux quelconques, et même de toutes les plantes qui, dans un terrain gras et fertile, acquierent une consistance et une vigueur qu'elles n'ont jamais sur une terre aride et seche. Nous disons donc qu'en égard à ces variations de taille, la femelle de l'aracari koulik est plus petite que son mâle ; mais elle s'en distingue encore assez par la couleur de quelques parties de son plumage, pour qu'on puisse la reconnoître au premier coup-d'œil : elle n'a, par exemple, que le dessus de la tête de noir, tout le derriere du cou étant d'un beau marron glacé ; et la gorge, le devant et les côtés du cou, ainsi que la poitrine, d'un joli gris cendré nué d'une légere teinte verd-olive. Le ventre, les flancs, et toute la partie abdominale, sont d'un jaune nué de gris : elle porte aussi la tache jaune d'or des oreilles, mais n'en a pas le collier. Quant à la couleur des ailes, à celles du dos, de la queue, et de ses couvertures inférieures, elles sont chez elle absolument semblables à celles de ces mêmes parties dans le mâle.

Le jeune mâle ressemble à la femelle jusqu'à sa premiere mue, époque où le collier jaune de la nuque commence à paroître chez lui. C'est donc un de ces jeunes mâles que Buffon a décrit pour une femelle. Ce naturaliste a d'ailleurs bien décrit ces oiseaux, et en a donné, n° 577 et 729 de ses planches enluminées , des figures reconnoissables , quoiqu'éloignées de la vérité de celles que nous publions ici.

Les kouliks sont fort communs à Cayenne, à Surinam, et dans toute la Guyane ; ils vivent dans les bois , nichent dans des trous d'arbres , et fréquentent les lieux cultivés, où ils causent beaucoup de dégâts aux fruits. Cette espece offre une belle variété , mais variété constante , dont nous ferons le sujet de l'article suivant.

L'Aracari Koulik mâle du Brésil. n.° 15.

L'ARACARI KOULIK MÂLE DU BRÉSIL.

(N° 15.)

L'ESPECE de l'aracari koulik n'habite pas exclusivement la Guyane : on la trouve aussi non seulement au Brésil, mais encore au Pérou, où elle est un peu différente de ce qu'elle est à la Guyane, en ce qu'elle y acquiert des couleurs plus vives, mieux prononcées, et qui, sans avoir changé de nature, ont des teintes plus foncées, seule différence que produise le climat ; car il n'agit point sur les formes caractéristiques et propres des especes d'une maniere assez sensible pour opérer en elles des altérations essentielles, comme l'ont supposé quelques grands naturalistes, d'après les rapprochements qu'ils ont faits ; supposition qui conduiroit, ainsi que je l'ai dit ailleurs, à faire conclure que les différentes especes d'un même genre ne seroient toutes que des variétés d'une d'entre elles ; et un pas de plus nous meneroit à croire qu'un seul oiseau auroit produit tous les oiseaux, quelles que fussent leurs formes, leurs couleurs, etc., etc. Rien encore n'a donné la preuve de ces grands changements : il est vrai que peu d'observations ont été faites à cet égard : et il en faudroit beaucoup pour constater de tels faits. En revanche tout a prouvé jusqu'ici le contraire : toutes les especes d'oiseaux que j'ai apportés d'Afrique, et qu'on retrouve dans le midi aussi-bien que dans le nord de l'Europe, n'ont subi d'altération que dans les couleurs quelquefois plus brillantes dans les climats plus chauds. J'ai vu aussi un grand nombre d'oiseaux d'Égypte, et je me suis convaincu que les mêmes especes dans les climats froids n'offroient pas la plus légere différence comparée aux premiers. Le paon, dont l'espece est acclimatée en Europe depuis plusieurs siecles, n'a-t-il pas conservé non seulement ses formes, mais encore ses brillantes couleurs ? pas la moindre différence entre ceux élevés en Russie, en Hollande, en France, et ceux du cap de Bonne-Espérance, et de l'Inde leur pays originaire. Il en est de même du faisan d'or de la Chine, qui est tout aussi beau dans le nord de l'Europe que dans son pays natal. Mille exemples semblables prouvent qu'en distribuant dans chaque climat les especes auxquelles il est propre, la nature n'a pas voulu que le transport que nous en ferions de l'un à l'autre pour notre utilité ou notre amusement les transformât au point de les rendre méconnoissables. Un oiseau qui, sur un point quelconque du globe, a une queue longue et étagée, ne prendra jamais, je pense, sur un autre une queue courte, carrée ou fourchue : si cela arrivoit, tout seroit bouleversé, et toutes les idées que nous nous formons de cette sublime sagesse qui a tout ordonné ne seroient plus que fantastiques et variables, comme tout ce qui est selon les caprices du hasard; chose impossible à concevoir pour tout observateur attentif, qui, cherchant la vérité dans les faits seuls, laisse aux beaux esprits leurs belles théories, ou plutôt leurs rêveries, pour une étude que leur imagination devance, et dont ils n'ont que faire, avec le talent de deviner d'abord ce que tant d'autres ont tant de peine à trouver dans de longues et laborieuses recherches.

Revenons à notre aracari koulik du Brésil, qui, comme nous l'avons dit, diffère de celui de la Guyane par des couleurs plus vives. Il suffira au lecteur, pour s'en convaincre, de jeter les yeux sur les figures que nous donnons des deux oiseaux : il y verra que le jaune des oreilles a dans le koulik du Brésil une belle teinte orange, ainsi que le collier, qui est plus large chez lui ; que le bas-ventre y est plus jaune ; que les taches du bout de la queue y sont plus vives ; que le verd du dos y est plus brillant ; et enfin que les petites lignes blanches qui marquent les dentelures du bec de l'individu tué à la Guyane sont, au contraire, formées en larges taches blanches aussi sur celui rapporté du Brésil. Dans les deux, au reste, caracteres absolument semblables, même coupe d'ailes, même forme de bec, de queue, etc. . . .

J'ai vu plus de cent kouliks de Cayenne, et pas un n'avoit les dentelures du bec marquées par les larges taches blanches, dont j'ai parlé plus haut ; comme aussi pas un de ceux rapportés du Pérou ou du Brésil n'y avoit les lignes qu'y a celui que j'ai fait représenter planche 15 ; ce qui prouve que, dans les deux climats, l'espece forme deux races distinctes.

Nous n'avons pu comparer ensemble les femelles des deux pays, n'ayant vu que des mâles du koulik du Brésil.

L'Aracari Verd mâle. n.° 16.

L'ARACARI VERD MÂLE.

(N° 16.)

Voici l'espece que Buffon a confondue avec celle de notre aracari à ceinture rouge, qu'il nomme *grigri*. Outre cependant qu'elles different absolument l'une de l'autre par les formes et la longueur de leur bec, ainsi que par la ceinture rouge que l'une d'elles n'a pas, on remarquera qu'elles different encore beaucoup par leur taille. Toutes ces différences réunies ont paru à Buffon si légeres, qu'il ne balance pas à faire de ces deux oiseaux une seule et même espece : nous en formons, nous, deux et très distinctes, ainsi que l'avoient déja fait au reste tous les naturalistes avant lui. Il sera même trop facile au lecteur, par la seule comparaison des portraits de grandeur naturelle que nous donnons des deux oiseaux, de juger par lui-même de la méprise de Buffon, pour que nous croyions devoir rien ajouter à ce sujet.

Nous avons donné à l'espece de cet article le nom d'*aracari verd*, qui ne change en aucune maniere la dénomination antérieure de *toucan verd de Cayenne*, que lui avoient donnée ceux qui n'avoient pas cru devoir faire deux divisions des toucans et des aracaris. Nous observerons cependant que, bien loin d'être plus verd que les autres aracaris, celui que nous désignons ainsi l'est encore moins ; car son verd est si foncé qu'il paroît noirâtre sous certain jour. Brisson a parfaitement bien décrit les couleurs du mâle et de la femelle de cette espece sous le nom de *toucan verd de Cayenne ;* mais il faut que l'individu qu'il en avoit vu fût extraordinairement petit ou rabougri par les préparations, puisqu'il ne le dit pas plus gros qu'un merle ; tandis qu'à en juger par son épaisseur, je suis persuadé qu'il doit en avoir à-peu-près trois fois le poids ; ce qui annonceroit beaucoup de différence dans la taille.

Cet oiseau, le mâle s'entend, a la tête et tout le cou d'un beau noir ; le manteau et toutes les parties visibles des ailes ployées sont d'un verd sombre ; le bout et les barbes extérieures des grandes pennes de celles-ci sont brunâtres. Tout le dessus et les grandes couvertures supérieures de la queue sont du verd du manteau ; le revers en est d'un verd tendre glacé de gris ;

celui des ailes est gris-brun au bout des pennes, et blanc jaunâtre ailleurs, couleur qui est aussi celle de toutes les couvertures du dessous des ailes; le croupion est rouge. Tout le dessous du corps depuis le bas du cou jusqu'à l'anus, et les couvertures du dessous de la queue sont d'un beau jaune soufré très brillant. La partie abdominale et les plumes des jambes sont vertes; seulement sur ces dernières on remarque quelques taches rougeâtres. Le bec, qui est fortement dentelé sur les tranches des deux mandibules, porte, sur le haut et dans toute la longueur de la supérieure, une large bande jaune foncé; les côtés de cette mandibule sont d'un rouge fouetté de noir; mais ce rouge est séparé de la bande jaune par une ligne noire, et les dentelures de la même mandibule sont toutes marquées d'une ligne blanche qui les rend très distinctes; ce qui produit un effet très agréable. La mandibule inférieure est entièrement noire, à une bande rouge près, qui en marque la base, et qui se prolonge sous le bec, en entourant les bords de toute la partie vide qui embrasse la gorge. Les yeux sont jaunes, et circonscrits dans une peau nue bleuâtre, et non jaune, comme le dit Brisson, qui, sans doute, a été mal informé à cet égard. Les pieds sont verdâtres, et paroissent noirs lorsqu'ils sont secs : les ongles, la langue, et tout le dedans du bec, sont noirs.

L'Aracari vert, femelle. N.º 17.

L'ARACARI VERD FEMELLE.

(N° 17.)

La femelle de l'aracari verd est un peu plus petite que son mâle, dont il est d'ailleurs facile de la distinguer en ce qu'elle a toute la tête, la gorge, le derriere et le devant du cou d'un beau marron glacé, au lieu d'avoir ces parties noires comme lui ; à cela près les couleurs du plumage sont absolument les mêmes dans les deux sexes, si ce n'est cependant encore que la femelle a une nuance plus foible, notamment sur le ventre : les taches des jambes sont aussi chez elle moins rouges, tirant plus au brun-marron : elle a de plus une petite ligne noire formée par la partie intérieure des premieres plumes jaunes du bas du cou par-devant, et qui sépare le brun du cou du jaune du dessous du corps ; mais cette petite bande est très peu apparente. Les compartiments du bec sont aussi les mêmes dans les deux sexes, sauf quelques légeres teintes que la femelle a de moins dans le rouge et le jaune de cette partie.

L'aracari verd abonde à Cayenne, d'où on l'a envoyé en France en très grand nombre : aussi y a-t-il peu de cabinets où on ne le trouve. Cette espece se nourrit, comme les autres toucans, de fruits, et fréquente les bois. Il est étonnant que nous ne connoissions pas encore le nom qu'elle porte dans son pays natal, où elle doit certainement en avoir un, qu'on pourroit lui rendre préférablement à celui que nous lui donnons ici, et qui ne la distingue pas assez des autres especes, qui toutes sont vertes dans les mêmes parties qu'elle.

L'ARACARI BAILLON.

(N° 18.)

Qu'il me soit permis de consacrer à cette nouvelle espece d'aracari un nom révéré, un nom cher aux amis de celui qui le portoit, et qui fut estimé par ses vertus morales de tous ceux qui le connoissoient, un nom cher aux naturalistes par le zele que Baillon mettoit à procurer à notre cabinet public et à tous ceux qui l'en prioient toutes les especes d'oiseaux qu'il pouvoit avoir à sa disposition sur les bords de la mer qu'il habitoit. Puisse ce foible hommage prolonger le souvenir d'un citoyen estimable dont la famille et les amis déplorent aujourd'hui la perte récente !

L'aracari Baillon est un peu plus fort de taille que les deux especes précédentes. Son bec a les mêmes formes que le leur : les mandibules en sont toutes deux fortement dentelées, la supérieure cependant plus que l'inférieure. Les ailes sont courtes et peu amples : la queue est fort étagée ; de sorte qu'il ne peut y avoir de doute qu'il n'appartienne à la division dans laquelle nous le plaçons ici. Le bec a deux pouces trois lignes de long sur un pouce de hauteur, et autant de largeur à sa base : la mandibule supérieure est arquée par le bout, et dépasse dans cette forme l'inférieure. Le corps a six pouces de longueur du front à la queue ; celle-ci cinq, et les ailes quatre et demi : le front est ceint d'un bandeau jaune d'or, qui couronne les yeux, et vient aboutir aux joues qui sont, ainsi que la gorge, le devant du cou, la poitrine, les flancs, le ventre, et tout le dessous du corps, de cette même couleur : vers le bas-ventre cependant et le dessous de la queue ce jaune prend une teinte verdâtre qui lui ôte son éclat. Les plumes des jambes sont d'un verd olive terni. Le dessus de la tête, le derriere du cou, les scapulaires, le dos, les couvertures des ailes, et toutes les parties visibles de leurs pennes lorsqu'elles sont ployées, les couvertures supérieures, et tout le dessus de la queue, sont d'un verd d'olive pochetée, égayé sur la tête, le haut du cou et les scapulaires d'un ton jaune, qui s'affoiblit toujours davantage à mesure qu'il descend vers le croupion qui est d'un rouge foncé. Le bout des pennes des ailes est brunâtre en-dessus, et d'un gris olivâtre en-dessous. Les couvertures du dessous des ailes sont d'un jaune d'or, et le revers du milieu de leurs pennes est d'un blanc jaune isabelle. Le revers de la queue est d'un jaune glacé de gris. Le bec est brun noir à sa base, et d'un jaune verd ou soufré dans tout le reste. La peau nue qui entoure

L'Aracari baillon . N.° 18.

les yeux m'a paru bleuâtre : les pieds sont couleur de plomb, et les ongles jaunâtres. L'espece d'aracari que je viens de décrire a été apportée du Brésil ; et l'individu dont je me suis servi fait partie du cabinet de feu le citoyen Baillon, qui eut la bonté de me l'envoyer pour le faire connoître ; car aucun naturaliste, que je sache, n'en avoit encore parlé.

Si nous terminons ici l'histoire de toutes les especes de toucans qui soient parvenus à notre connoissance, et que nous avons vus et bien reconnus dans les cabinets d'histoire naturelle, ce n'est pas que les nomenclateurs n'aient fait mention de plusieurs autres toucans comme autant d'especes différentes de toutes celles dont nous avons parlé ; mais j'estime que la plupart de ces prétendues especes ne le sont que de nom, et que chacune d'elles appartient à l'une ou à l'autre de celles que nous avons décrites : tels sont, par exemple, le *cochitenacatl* et le *xochitenacatl* de Fernandez, que Buffon nomme par contraction *cochicat* et *hochicat*. Avec un peu d'attention on voit clairement que ces deux oiseaux ne peuvent être que notre aracari à ceinture rouge, défiguré dans les mauvaises et inintelligibles descriptions qu'en a données Fernandez, et que tous les naturalistes ont copiées sans se donner la peine d'en apprécier le mérite ; ce qui abrege le travail.

Quant à l'alia-xochitenacatl, décrit par Nieremberg, et dont Buffon a fait son aracari à bec noir, avant de prononcer sur cette espece il faudroit savoir s'il est même bien vrai qu'elle appartienne au genre toucan : mais comment savoir cela lorsque l'auteur qui est censé l'avoir vu ne donne aucun des caracteres de cet oiseau, et que l'espece de description qu'on en a publiée ne ressemble sous aucun rapport à rien de ce qui caractérise les toucans ? Ce que nous venons de dire de cet alia-xochitenacatl de Nieremberg on peut le dire de l'aracari bleu de Buffon, que Fernandez a décrit le premier sous le nom d'*altera-xochitenacatl.*

Plusieurs naturalistes parlent encore d'un toucan blanc ; mais ce toucan forme-t-il une espece, ou n'est-il qu'une variété d'une espece connue ? Et dans tous les cas pourquoi ceux qui ont vu cet oiseau ne donnent-ils aucun détail sur sa taille, la forme de son bec, etc. ? on ne dit pas même où on l'a vu, ni si c'est un toucan ou un aracari ; rien enfin, sinon qu'il est tout blanc ; descriptions insignifiantes qui laissent subsister tous les doutes sur l'existence d'une telle espece d'oiseau.

Sonnini, dans sa nouvelle édition de Buffon, indique, d'après un catalogue de vente d'une collection d'oiseaux faite à Montpellier, un toucan à gorge bleue qu'il y a vu figurer. Il me semble qu'il auroit fallu voir l'oiseau avant d'en parler, ou tout au moins avoir une autorité un peu plus fondée que celle d'une liste d'oiseaux qu'on met en vente. Il seroit prudent aux naturalistes d'être quelquefois plus réservés. Si les especes de toucans que nous contestons ici existent, ou les trouvera sans doute, et nous les connoîtrons un jour : mais je serois bien plus porté à croire qu'on ne les verra jamais ; jusqu'ici du moins personne ne les a vus encore, quoiqu'il y ait fort long-temps qu'ils se trouvent décrits par leurs premiers auteurs, et qu'ils sont reproduits par tous les nomenclateurs qui ont écrit sur les oiseaux.

L'aracari à bec uni, donné par Latham, n'est qu'une jeune femelle de notre aracari verd..... Tous les toucans ainsi que les aracaris n'ont point de dentelures au bec dans leur jeune âge ; et comme dans cet état le bec est en outre très petit relativement à ce qu'il doit être dans son état parfait, qu'il diffère aussi un peu par ses formes et ses couleurs de celles de ce dernier état, qu'il ne prend qu'à mesure qu'il grandit, il n'est pas surprenant que Latham, qui n'a pas été à même sans doute de faire ces observations, ait été entraîné à donner comme une espece distincte ce jeune oiseau, dont les couleurs du plumage, trop analogues cependant avec celles de l'âge fait, eussent dû faire reconnoître l'espece.

SECONDE PARTIE

DES BARBUS.

HISTOIRE NATURELLE

DES BARBUS.

Nous diviserons le genre entier des oiseaux barbus en trois
sections; savoir, les barbus proprement dits, les barbus tamatias, et les barbus barbacous : série que nous allons suivre
dans l'ordre que nous venons d'établir.

En considérant les formes et la physionomie des barbus
proprement dits on ne peut s'empêcher de les placer immédiatement à la suite des toucans avec lesquels ils ont en effet
de grands rapports; rapports encore plus marqués entre les
grandes especes de barbus et les plus petites des toucans,
comme si la nature eût voulu nous indiquer elle-même la
réunion de ces deux genres d'oiseaux, en établissant le passage qui les lie si bien l'un à l'autre dans les deux especes du
barbican et du grand barbu verd de la Chine, par lesquelles
nous commencerons la section des barbus proprement dits,
qui se trouveroient tout aussi-bien placés, soit qu'on voulût
les admettre comme terminant le genre toucan, ou qu'on les
considérât comme commençant le genre barbu.

Les barbus en général ont, ainsi que les toucans, le corps
massif et lourd, la tête grosse, les jambes courtes, les tarses
forts, et les pieds disposés de maniere qu'ils y ont deux doigts
par devant et deux par derriere : leur bec est gros et fort,

proportionnellement à leur taille ; quelques especes ont dans cette partie de fortes dentelures, tandis que d'autres n'y en ont point. Les formes du bec des barbus varient ainsi beaucoup dans les différentes especes, tellement même que si l'on vouloit, comme le font les méthodistes, avoir égard à ces différentes formes de mandibules, il seroit facile d'établir autant de genres qu'il y a d'especes dans le genre entier de ces oiseaux.

Les barbus fréquentent les forêts, et nichent comme les pics dans des trous d'arbres ; mais ils ne grimpent point le long du tronc comme ces derniers, quoique plusieurs nomenclateurs les aient mal-à-propos compris parmi les oiseaux à pieds grimpants, à cause de la disposition de leurs doigts ; caractere qui, comme je l'ai dit ailleurs, n'influe en aucune maniere sur la faculté de grimper des oiseaux ; car nous voyons que beaucoup d'oiseaux de différents genres grimpent tout aussi-bien que les pics, quoique n'ayant pas comme eux deux doigts par devant et deux par derriere : tels sont les piculules et les talapios d'Amérique ; tel est notre grimpereau d'Europe ; telles sont même quelques especes de pics qui, n'ayant que deux doigts par devant et un par derriere, n'en grimpent pas moins bien que ceux qui ont les doigts disposés deux à deux. Les barbus se nourrissent de fruits et mangent aussi des insectes : ils sont d'un naturel confiant, et par conséquent faciles à surprendre ; car ils entrent dans leur trou d'arbre alors même qu'on est assez près d'eux ; le chasseur peut aussi facilement les approcher. Ils ont le vol court et pénible, ayant les ailes courtes et la queue foible ; ils se tiennent par paire, mâle et femelle, et lorsque les petits ont pris l'essor ils se forment en petite troupe avec toute la nichée. Buffon a dit précisément le contraire de ce que je viens de dire des barbus à ces derniers égards; c'est que sans doute il avoit été mal informé. J'ai observé par moi-même ces oiseaux en Afrique, et je n'affirme rien ici sur des ouï-dire.

Buffon avoit aussi avant nous établi dans le genre des oiseaux barbus les deux sections des barbus proprement dits et des tamatias, division qui ne ressemble à une partie de la nôtre que quant aux noms, puisque c'est indistinctement tous les barbus d'Amérique que ce naturaliste appelle tamatias, et que suivant lui ceux de l'ancien continent sont les barbus proprement dits. J'aurois pardonné à Buffon d'avoir établi cette division d'après les climats seulement, s'il n'avoit pas pu voir quelques especes de barbus d'Amérique très différentes des tamatias, si différentes qu'il lui auroit été impossible de ne pas reconnoître qu'elles appartenoient aux barbus proprement dits: mais Buffon travailloit peu d'après nature; il se contentoit presque toujours, pour établir ses descriptions et ses comparaisons, des mauvaises planches publiées par Daubenton le jeune: ainsi il ne seroit pas étonnant qu'il n'eût pas pu voir dans les portraits du barbu d'Amérique, qu'il donne sous le nom de tamatia à tête et à gorge rouges (planch. enl. n° 206, fig. 1 et 2), un vrai barbu absolument analogue aux barbus des Indes. Cependant Daubenton avoit nommé barbus les deux oiseaux que ses planches étoient censées représenter. Il est aussi à remarquer à l'égard de ces deux détestables figures que les descriptions de Buffon s'y rapportent absolument pour les couleurs. Buffon encore, pour autoriser son opinion sur la différence qu'il trouve entre tous les barbus d'Amérique et ceux de l'ancien continent, dit que ces oiseaux ne peuvent être de même genre ni de mêmes especes, parcequ'ils ne peuvent pas être supposés avoir passé les mers pour se transporter d'Amérique aux Indes, leur corps étant si lourd, et leurs ailes si courtes. Mais il est bien d'autres oiseaux que les barbus qu'on ne peut pas supposer avoir traversé les mers, et que Buffon lui-même n'en regarde pas moins comme appartenants à de mêmes genres, quoiqu'ils soient communs aux deux hémispheres. Au reste nous verrons, ainsi que je l'ai dit, qu'il se trouve en Amérique des barbus proprement dits, tout comme il se trouve aux Indes des tamatias; ce qui détruit plus que ne le feroient tous les raisonnements l'opinion de Buffon, qui ne voit des barbus qu'aux Indes, et des tamatias qu'en Amérique, quoiqu'il ait lui-même décrit des barbus d'Amérique et un tamatia de l'Inde, qu'il auroit reconnus pour tels, je pense, s'il avoit voulu, comme moi, prendre la peine de regarder, de comparer ensemble, d'étudier les oiseaux avant de les décrire, et sur-tout d'en déterminer les genres.

Le Barbican. N.º 18.

LE BARBICAN.

(N° 19.)

Sɪ des poils autour du bec pouvoient être le caractere dominant des barbus, le barbican seroit sans contredit le barbu par excellence, car il n'est aucun oiseau de sa tribu qui en soit aussi abondammeut pourvu que lui ; en effet il en a en telle profusion à la base de ses deux mandibules que le bec en est en grande partie obstrué. Ces poils larges et plats représentent les barbes dures des plumes de certains oiseaux à plumage rude ; ils naissent autour des narines, ainsi qu'à la base de la mandibule inférieure, et se portent tous en avant. Le bec est fort, épais, et sur-tout remarquable par des crans très marqués qui se prononcent même sur les côtés du bec, où ils forment de longs et profonds sillons, lesquels sont très apparents. Les ailes du barbican n'atteignent guere que la naissance de la queue : celle-ci est de la longueur du corps à-peu-près ; elle est étagée, mais de maniere seulement qu'elle s'arrondit à son extrémité ; caractere qui est propre aussi aux toucans, oiseaux avec lesquels le barbu de cet article a de grands rapports par toute sa structure, ou ce qu'on appelle la physionomie, et même par toutes ses couleurs. Le plumage du barbican est en général noir et tranché par du rouge, du jaune, et du blanc, de maniere que par tout son ensemble cet oiseau remplit de la maniere la plus avantageuse et la mieux marquée l'intervalle qui sembloit séparer son genre de celui des toucans. La tête, le derriere, et les côtés du cou, le dos, les scapulaires, les ailes, et toutes leurs couvertures, le croupion, les couvertures de la queue, la queue elle-même, et les plumes des jambes sont d'un noir luisant à reflet bleuâtre. Le devant du cou, depuis la gorge jusqu'à la poitrine, est couvert de plumes rudes d'un rouge vif, après lequel se trouve une bande noire qui ceint la poitrine d'une aile à l'autre. Tout le sternum est couvert de plumes rouges entre-mêlées de jaune, mais qui sur les flancs sont blanches, et en partie gouttées de noir. Un faisceau de plumes d'un blanc pur forme une plaque de cette couleur sur le milieu du dos, mais qu'on n'apperçoit qu'à peine lorsque les ailes sont ployées et entièrement appliquées au corps. Le bec est rouge à sa base, et jaune relevé de blanc vers les crans des tranches des mandibules et le bout. Les pieds sont jaunes, les yeux d'un brun rougeàtre, et les barbes de la base du bec noir luisant. Le mâle et la femelle barbican se ressemblent parfaitement, à quelques légeres nuances près dans les couleurs rouges ou jaunes, que cette dernicre a moins vives; elle est aussi un peu moins forte de taille que le mâle. Ces oiseaux habitent les forêts et nichent dans des trous d'arbres. Le mâle et la femelle s'accompagnent toujours; ils ont la voix forte et sonore, et ils vivent principalement de fruits. On trouve l'espece du barbican dans une grande partie de l'Afrique, puisqu'on l'a vue en Barbarie, que Geoffroi de Villeneuve l'a trouvée au Sénégal, et moi chez les grands Namaquois, dans la forêt qui avoisine la riviere des Poissons, canton où ils sont de passage seulement, et où ils n'arrivent qu'en certain temps de l'année.

Buffon est le premier qui ait nommé cet oiseau *barbican,* nom qui lui convient très bien, et que par cette raison nous lui avons conservé.

Le Grand Barbu. N.º 20.

LE GRAND BARBU.

(N° 20.)

Comme ce barbu se trouve être l'espece la plus grande que nous connoissions de sa tribu, Buffon l'a nommé *grand barbu*, nom que nous lui conservons aussi, quoique à regret cependant, parceque s'il nous parvenoit (ce qui est très possible) une autre espece de barbu qui fût plus forte encore que celle-ci cette dénomination ne lui conviendroit plus. Dans ce cas je proposerois aux naturalistes le nom de barbacaric au lieu de celui de grand barbu, et cela par la raison que l'oiseau semble participer autant des toucans aracaris que le barbican des toucans proprement dits. En effet le grand barbu est plus svelte que le barbican ; sa queue est aussi plus étagée que celle de ce dernier : or c'est aussi à ces différences qu'on distingue les aracaris des toucans. On trouve de plus entre l'espece de cet article et les aracaris autant de ressemblance dans les couleurs que nous en avons trouvée entre le barbican et les vrais toucans; de sorte que si le barbican remplit l'intervalle qui sépare les barbus des toucans, l'espece du grand barbu ne semble pas moins avoir été destinée par la nature à former la nuance entre les barbus et les aracaris.

Le grand barbu ou le barbacaric, comme on le voudra, est de la taille à-peu-près de l'espece de l'aracari verd, à laquelle il ressemble aussi le plus sous d'autres rapports : toutes ses dimensions se trouvent dans la figure exacte que nous en donnons d'après un très bel individu que l'on voit au Muséum d'histoire naturelle de Paris. Cet oiseau a la tête et le haut du cou d'un verd sombre relevé par une nuance bleuâtre qui fait paroître ces parties plus ou moins d'un verd noir ou d'un verd bleu, suivant les différents aspects. Le bas du cou et la poitrine sont d'un brun relevé de verd, et qui se trouve comme fondu dans le verd du manteau et des couvertures grandes et petites des ailes; lequel verd domine sur le reste du plumage du dessus du corps, y compris les ailes et la queue, à l'exception des grandes pennes alaires qui sont d'un noir brun. Les couvertures du dessous de la queue sont rouges. Les plumes du dessous du corps, c'est-à-dire depuis la poitrine jusqu'au bas-ventre, sont d'un verd clair glacé de bleuâtre. Le bec, fort et arqué, est jaunâtre, à sa pointe près qui est noire. Les pieds sont jaunes, et les barbes de la base du bec noires.

L'espece du grand barbu ou barbacaric habite la Chine. Outre l'individu que j'en ai vu dans nos collections publiques , j'en ai vu d'autres dans différents cabinets, tant à Paris, chez l'abbé Aubry, Mauduit, Gigot-Dorci, M. Lerault, et madame de Bandeville, qu'en Hollande chez MM. Boers et Holthuysen.

Le Barbu à gorge bleue femelle. n.º 22.

Le Barbu a gorge bleue mâle. N.º 21.

Barraband pinx.t   De l'Imprimerie de Rousset.   Grémillier sculp.

LE BARBU À GORGE BLEUE.

LE MÂLE (N° 21.)

LA FEMELLE (N° 22.)

Il s'agit ici d'une espece absolument nouvelle, et des plus belles de la tribu des barbus, espece qui habite les Indes orientales, et dont j'ai reçu directement un mâle et une femelle de Chandernagor, où ils ont été tués.

Le mâle porte sur le sommet de la tête deux bandes rouges séparées par une noire, et dont la premiere ceint le front, et l'autre traverse le derriere de la tête. Les joues, la gorge, et tout le devant du cou, sont d'un joli bleu de ciel qui se termine sur la poitrine : de chaque côté de celle-ci, immédiatement après le bleu, on remarque une tache rouge. Le derriere de la tête et du cou, le dos, les scapulaires, les couvertures des ailes, ces dernieres en grande partie, le croupion, le dessus de la queue, et ses couvertures supérieures, tout le dessus du corps enfin est d'un verd brillant, à l'exception des premieres grandes pennes alaires qui sont brunes. La poitrine, les flancs, les plumes du sternum, le ventre, les couvertures du dessous du corps, et le revers de la queue, sont d'un verd clair. Le bec est blanchâtre, à son arête supérieure près qui est brunâtre. Les pieds sont plombés, et les barbes de la base du bec noir-brun.

La femelle est un peu plus petite que le mâle, et lui ressemble absolument par ses couleurs générales; mais elle n'a point comme lui de tache rouge sur les côtés de la poitrine au bas du bleu du devant du cou : chez elle ce bleu ne s'étend pas non plus aussi avant sur le cou que chez le mâle, car il n'y occupe à-peu-près que les joues et la région de la gorge proprement dite.

Comme nous n'avons reçu aucun renseignement sur les habitudes naturelles de l'espece du barbu à gorge bleue, nous ne dirons rien à cet égard. On voit aussi au Muséum d'histoire naturelle au jardin des plantes plusieurs de ces beaux oiseaux envoyés depuis peu du Sénégal par Massé, voyageur plein de zele et de connoissances, et à qui nous devons les objets les plus intéressants d'histoire naturelle.

LE BARBU DE LA GUYANE, MÂLE.

(N° 23.)

L'ESPECE de ce barbu doit être singulièrement abondante à Cayenne, car il ne se fait pas un envoi d'oiseaux de ce pays en Europe qui ne contienne un grand nombre de ses individus : aussi n'est-il pas si mince cabinet où l'on n'en compte plusieurs. C'est cette même espece que Buffon a confondue avec les tamatias, qu'il a décrite sous le nom de tamatia à tête et à gorge rouges, et qu'il a si mal figurée dans ses planches enluminées, n° 206, qu'il est presque impossible de l'y reconnoître. Quoi qu'il en soit, le lecteur verra facilement par les figures très exactes que nous publions ici du barbu de la Guyane, que les formes et les caracteres de cet oiseau présentent une si parfaite conformité avec les formes et les caracteres des barbus proprement dits, qu'il ne nous étoit pas permis de ne pas le remettre à sa place en le réintégrant parmi les oiseaux de cette espece, comme étant dans le nouveau monde l'analogue des barbus de l'ancien continent. Comme aussi l'espece du barbu dont nous parlons n'est pas distinguée de plusieurs autres barbus étrangers à l'Amérique, et qui ont comme elle le front et la gorge rouges, nous n'avons pas cru devoir conserver même la dénomination que Buffon lui donne ; nous préférons à toute autre celle simplement de barbu de la Guyane, par la raison que suivant toutes les apparences cet oiseau est la seule espece de son genre qui habite cette contrée.

Le mâle de l'espece du barbu de la Guyane a le front et la gorge couverts de plumes d'un rouge vif, mais qui se dégrade toujours un peu plus sur la tête, jusqu'à ce qu'enfin il s'y change en jaune ; de sorte que le devant de la tête est rouge, et que le sommet en est jaune. Tout le plumage du reste de la partie supérieure du corps, savoir, le derriere de la tête et du cou, le dos, les scapulaires, et les couvertures des ailes, est noir, mais tranché par une bande blanc jaunâtre qui, descendant de derriere l'œil de chaque côté, passe sur le dos : des taches blanches se trouvent aussi sur les grandes couvertures des ailes, et sur celles de leurs pennes qui avoisinent le dos, et où ces taches forment comme des ondes. Les grandes pennes alaires sont brunes, et à bordures olivâtres. Le dessus de la queue est d'un brun noir olivacé. Le dessous du corps, depuis le rouge de la gorge jusque sous la queue, porte, sur un fond jaune pâle, des taches

Le Barbu de la Guyane mâle. n.º 23.

Barraband pinx.t   De l'Imprimerie de Rousset.   Gérardin sculp.

noires de forme circulaire ; lesquelles taches sont en très grand nombre
sur la poitrine et les flancs, mais plus petites à mesure qu'elles deviennent
plus voisines des parties postérieures. Le bec est noir, à la base de la
mandibule inférieure près qui est blanchâtre. Les pieds sont d'un noir
plombé.

LA FEMELLE DU BARBU DE LA GUYANE.

(N° 24.)

La femelle du barbu de la Guyane diffère assez peu du mâle pour qu'on
la reconnoisse au premier abord, car elle lui ressemble absolument pour
toute la partie supérieure du corps; elle a aussi le rouge du front et de la
gorge de la même étendue et du même éclat que lui, et comme lui elle
porte des taches blanc-jaunâtre sur les ailes, le dos, etc. Les différences
sont donc en ce qu'elle n'a de taches noires que sur les flancs, toute la poitrine et le dessous du corps de cette femelle étant d'un jaune pur sans
mélange, mais lavé ou foible. Nous observerons à l'égard de ce jaune du
plumage des barbus de la Guyane que lorsque les individus de l'espece
ont vieilli dans les cabinets ce jaune s'efface peu-à-peu, et y devient blanc;
ce qui pourroit faire donner ces individus ainsi décolorés accidentellement
pour des variétés naturelles; c'est aussi ce qui a fait que les descriptions
que les différents auteurs nous ont laissées de ces oiseaux sont si dissem-
blables même entre elles : cependant il est très facile de voir que ce n'est
pas par-là seulement que les figures que Buffon a publiées de ces oiseaux
different tant de ce que ceux-ci sont dans leur état naturel; car on n'y reconnoît aucune des formes caractéristiques des barbus; les couleurs y sont
aussi fort inexactement rendues.

Je vais parler dans les articles suivants de deux variétés de cette espece
qui font partie de mes collections, et qui se trouvent aussi dans plusieurs
autres cabinets.

Le Barbu de la Guyane femelle. Nº. 24.

Barraband pinx.   De l'Imprimerie de Rousset   Girault sculp.

Le Barbu de la Guyane, Première variété. N.º 25.

PREMIERE VARIÉTÉ DU BARBU DE LA GUYANE.

(N° 25.)

Cette premiere variété differe de l'espece, d'abord en ce que les plumes rouges de la gorge se trouvent chez elle flambées de noir par un trait longitudinal que chacune d'elles porte dans son milieu ; puis en ce qu'elle a toutes les plumes noires du dos terminées par une sorte de frange jaunâtre qui produit dans cette partie une grande bigarrure : en outre les couvertures des ailes dans cette variété sont bordées de jaune ; ce qui les détache toutes sur un fond noir : les taches noires du dessous du corps sont aussi chez elle en bien plus grand nombre que dans l'espece. On verra enfin qu'elle a bien moins régulieres les taches blanc-jaunâtre des ailes, et la bande blanche qui de chaque côté descend sur les scapulaires chez les individus de l'espece dans leur état parfait. Nous connoissons au moins dix individus de la variété de cet article, ce qui prouveroit qu'elle n'est point accidentelle ; mais comme nous croyons aussi qu'elle ne peut pas être une espece particuliere, nous estimons qu'elle doit être considérée simplement comme une variété d'âge. Nous ajouterons qu'ayant observé dans un très grand nombre d'especes d'oiseaux que les jeunes sont toujours très bigarrés, et qu'en général leurs plumes portent dans cet état beaucoup de bordures ou de rayures, nous avons quelque raison de croire que cette même variété présente un mâle de l'espece dans son premier âge, d'autant plus que tous les individus variés comme elle que j'ai vus m'ont présenté aussi les autres caracteres auxquels on reconnoît toujours les jeunes oiseaux, comme la mollesse des eaux du crâne, le duvet très fourni de la racine des plumes, etc.

SECONDE VARIÉTÉ DU BARBU DE LA GUYANE.

(N° 26.)

Cette variété, dont il est impossible de ne pas reconnoître l'espece à toutes ses formes caractéristiques, nous représente l'extrême vieillesse, l'état de caducité d'un barbu de la Guyane. Nous devons donc ne la considérer que comme un vieil oiseau parvenu à cet âge où ayant perdu la faculté de muer et de renouveler ses plumes, celles-ci se dégradent et se décolorent par vétusté. Elle nous présente ainsi dans l'espece du barbu de la Guyane un exemple de ce qui arrive à tous les oiseaux en général, exemple qui n'est pas le seul que nous ayons déja eu occasion d'apporter à l'appui de cette triste vérité.

Le rouge du front et de la gorge de notre seconde variété ayant été effacé par l'effet du temps, il a jauni, comme le noir a dû brunir, le blanc se roussir, et le jaune blanchir, puis se roussir. C'est aussi par-là que cet individu varié du barbu de la Guyane differe de tout autre individu adulte de la même espece.

Depuis que je m'occupe de l'histoire naturelle je n'ai trouvé dans les nombreux envois d'oiseaux faits de la Guyane que quatre individus variés comme celui dont il est ici question, individus que j'ai eus tous quatre en ma possession, et que j'ai partagés avec MM. Raye de Breucklerwaert et Temminck d'Amsterdam : il m'en reste donc deux, et j'en destine un pour notre cabinet public de Paris.

_Barbu de la Guyane, seconde variété. N.º 26.

Le _ Barbu orangé du _ Pérou. N.º 27.

LE BARBU ORANGÉ DU PÉROU.

(N° 27.)

Voici encore une espece des barbus d'Amérique dont les formes et les caracteres ne laissent aucun doute sur son genre ; il a même tellement les caracteres du barbu de la Guyane des articles précédents, qu'on est tenté de le considérer comme n'en étant qu'une variété, une variété constante et permanente s'entend , c'est-à-dire une variété de climat, ou une race de l'espece se perpétuant comme se perpétuent chez nous les races du faisan de Bohème, du faisan à collier, du faisan blanc, qui ne sont que des variétés de l'espece du faisan vulgaire. Cependant, comme il n'est pas facile de déterminer dans l'état de nature ces filiations de races, qu'on n'y en trouve même pas, que le barbu de cet article vient du Pérou, qu'il a été tué dans les bois, qu'il differe assez du barbu de la Guyane pour former une espece à part, mais que nous n'en connoissons qu'un seul individu, nous nous bornons ici à lui donner un nom particulier, en attendant qu'on ait acquis sur les habitudes de l'un et de l'autre de ces deux oiseaux des renseignements assez positifs pour s'autoriser à prononcer s'ils sont ou ne sont pas de même espece.

Le barbu orangé a les plumes du bord du front, celles de la gorge et du devant du cou, d'un orangé rougeâtre ; couleur qui se fond vers les parties inférieures, et qui se trouve tout-à-fait changée en un jaune de jonquille sur la poitrine et tout le dessous du corps. Les plumes des flancs portent des taches noires en forme de larmes ; et celles des jambes et du bas-ventre ont, ainsi que les couvertures du dessous de la queue, chacune un trait noir dans leur milieu. Le dessus de la tête et le derriere du cou sont d'un jaune varié de noir. Le manteau, le dos, les scapulaires et le croupion sont noir varié de jaune. Une large bande noire, légèrement teinte d'orangé, part de derriere les yeux, et descend sur les côtés du cou en séparant le jaune du derriere, et l'orangé du devant de cette derniere partie. Les ailes et toutes leurs couvertures, ainsi que la queue et toutes ses couvertures supérieures, sont d'un noir pur : cependant les plus grandes couvertures alaires ont chacune une tache jaune, et forment ainsi une bande transversale de cette couleur. Les dernieres pennes alaires, celles près du dos,

17

sont aussi variées de jaune ; et les moyennes ont un petit liséré aussi jaune,
qu'on retrouve sur les pennes latérales de la queue. Le bec est noir, et les
pieds sont bruns.

Ce barbu vient du Pérou, et fait partie du beau cabinet de M. Raye
de Breucklerwaert à Amsterdam.

Le Barbu à plastron noir. N.º 28.

LE BARBU À PLASTRON NOIR.

(N° 28.)

Il ne faut pas confondre ce barbu avec celui que Buffon a aussi surnommé à plastron noir, et qui n'est qu'un double emploi de l'espece de son barbu à gorge noire. Cependant comme nous conservons à ce dernier le nom de barbu à gorge noire, nous donnons à l'espece de cet article celui que Buffon avoit mal-à-propos donné à une prétendue espece qu'il avoit déja décrite ailleurs: ainsi le barbu à plastron noir de Buffon, et qui figure sous ce nom dans toutes les ornithologies, est encore une de ces especes à rayer de la liste des oiseaux. Mais combien n'y auroit-il pas de ces éliminations à faire dans les ouvrages d'histoire naturelle, si l'on avoit la patience d'y porter un œil scrutateur, ce dont ils auroient grand besoin?

Le barbu à plastron noir dont nous faisons le sujet de cette description est encore une espece qui appartient au nouveau monde, et qui a été envoyé du Brésil. On reconnoît aussi en lui tous les attributs des barbus proprement dits, et les formes des especes précédentes, dont il a même les couleurs, quoique différemment distribuées.

Chez lui le rouge pur couvre le front jusque passé les yeux, et embrasse les joues et la gorge, au bas de laquelle il adhere à un large plastron noir, qui s'arrondissant sur la poitrine, s'unit au noir des côtés du cou et du derriere de la tête. Tout le manteau, le croupion, les ailes, leurs couvertures et la queue sont d'un brun terreux; mais les dernieres pennes alaires, c'est-à-dire celles près du corps, sont bordées de jaune extérieurement, et les barbes intérieures des plumes de la queue sont d'un blanc jaunâtre; de sorte que le revers de celle-ci est en grande partie de cette couleur. Les plumes du sternum depuis le plastron jusque et compris les couvertures du dessous de la queue sont jaunes, et les flancs grisaille. Le bec est noir; les pieds sont plombés, et les barbes noires.

Cette belle et nouvelle espece de barbu fait partie du cabinet de M. Gevers Arntz de Rotterdam, où j'en ai pris le dessin et fait la description.

LE BARBU À GORGE NOIRE, MÂLE.

(N°. 29.)

L'espèce de cet article est celle que Buffon a décrite une fois sous le nom de barbu à plastron noir, puis sous celui de barbu à gorge noire, que nous lui conservons parcequ'en effet elle n'a de noir que sur le devant du cou, et que ce noir n'a pas la forme d'un plastron comme chez l'espece de l'article précédent, à laquelle nous avons par cette raison appliqué le nom de barbu à plastron noir. Cette erreur de Buffon que nous relevons ici Latham et Gmelin l'avoient déja soupçonnée.

Le barbu à gorge noire est très commun en Afrique: je l'ai constamment trouvé depuis le trentieme degré de latitude sud jusque sous les tropiques à l'une et l'autre côte. Il paroît que cette espece se trouve aussi aux Philippines; du moins Sonnerat l'a décrite sous le nom de barbu des Philippines dans son Voyage à la nouvelle Guinée; ce sont même apparemment ces différents pays qu'elle habite qui ont occasionné l'erreur de Buffon, et peut-être aussi la description équivoque donnée par Sonnerat de cet oiseau. Au reste j'ai vu les individus même que ce voyageur a apportés des Philippines, et je puis attester qu'il ne peut plus y avoir le moindre doute sur l'identité d'espece de ces barbus d'Afrique et de ceux rapportés des Philippines.

Le barbu à gorge noire mâle a sur le front une plaque rouge dont la forme est circulaire; les yeux sont couronnés par une bande étroite jaune, qui part de chaque côté des narines et se prolonge sur les côtés du cou, où elle se forme en une sorte de trefle irrégulier; mais le jaune de cette bande s'efface à mesure qu'elle descend, de sorte qu'elle finit par blanchir totalement. Le derriere de la tête et du cou sont noirs; le manteau et toutes les couvertures des ailes le sont aussi, mais chacune de leurs plumes porte une petite tache jaune en larme: les scapulaires sont noirs frangés de blanc. Les premieres grandes pennes alaires portent toutes sur un fond noir brun un liséré jaune, tandis que les dernieres sont bordées de blanc: ces lisérés jaunes et blanc et les gouttes jaunes répandues sur le fond noir du plumage de cet oiseau produisent un effet très agréable. Le noir de la gorge descend le long du milieu du cou et se termine en pointe sur la poitrine; il est séparé du noir des côtés du cou par une large bande blanche coupée en feston, et adhere au blanc jaunâtre de la poitrine et

Le Barbu a gorge noire mâle. N.º 29.

Barraband pinx.t   De l'Imprimerie de Rousset.   Grémillier sculp.t

de tout le dessous du corps jusques et y compris les plumes des jambes
et les couvertures du dessous de la queue. Le croupion et les couvertures
du dessus de la queue sont jaunes, mais d'un jaune lustré qui à certain
jour prend des teintes couleur de soufre ou blanchâtres. Les plumes de
ces parties sont à brins lâches et désunis entre eux. La queue, légèrement
étagée, est noire, frangée de jaune sur toutes les barbes extérieures de ses
pennes. Le bec, armé d'une forte dent de chaque côté du milieu de la
mandibule supérieure, est d'un noir de corne. Les pieds sont plombés et
les yeux brun jaunâtre.

LA FEMELLE DU BARBU À GORGE NOIRE.

(N° 30.)

La femelle du barbu à gorge noire dans un âge avancé diffère du mâle en ce qu'elle est un peu plus petite que lui, que le noir du plumage est moins foncé, le jaune moins vif, le blanc moins pur, la plaque rouge du front ni aussi étendue ni d'un aussi beau rouge, et qu'enfin les taches jaunes sont chez elle plus petites et moins nombreuses que chez ce dernier : son blanc est aussi mêlé sur la poitrine et les flancs de quelques légeres traces grisâtres qu'on ne retrouve pas sur le mâle. Dans la première année de son âge elle est encore plus facile à distinguer de celui-ci ; car alors elle n'a absolument point de rouge sur le front, et tout le dessous de son corps est sur un fond blanc sale olivâtre semé de traits légers grisaille et comme formés par coups de pinceau. Ainsi c'est une jeune femelle que nous avons figurée ici sous le n° 30.

L'espece du barbu à gorge noire habite les forêts de Mimosas de la côte est et ouest d'Afrique : à l'est on commence à trouver ces oiseaux vers la riviere Gamtôs, et à l'ouest vers le Naméroo et les Monts-Cannis ; ce n'est du moins que dans ces endroits-là que j'ai commencé à les voir : ils sont fort communs dans tous le pays des Cafres et dans celui des grands Namaquois. Ils sont naturellement peu farouches, et d'ailleurs comme ils volent très pesamment, en raison de la lourdeur de leur corps et de la petitesse de leurs ailes, on les approche presque toujours d'aussi près que l'on veut pour les tirer. Leur ramage exprime très distinctement le mot *cou*, qu'ils répetent à plusieurs reprises, à petits intervalles, et d'une voix si forte et si sonore qu'on est tout étonné d'avoir entendu des oiseaux aussi médiocres de taille que le sont les barbus à gorge noire. Nous avons représenté l'espece de grandeur naturelle dans nos planches. Ces oiseaux se nourrissent d'insectes et de fruits, notamment d'un petit fruit en grappe qui croit sur une espece de saule ; ce fruit est plat et de la forme d'un rognon ; le goût en est acide, et il est très rafraîchissant et agréable à mâcher quand il fait chaud. Le mâle et la femelle du barbu à gorge noire vont toujours ensemble et paroissent fort attachés l'un à l'autre ; car lorsqu'il m'arrivoit de tuer l'un d'eux j'entendois aussitôt l'autre appeler son compagnon, et ce rappel s'exprimoit par la même syllabe *cou*, mais répétée plus précipitamment qu'à l'ordinaire, huit ou dix fois coup sur coup sans

Marchand pinx.t

De l'Imprimerie de Langlois

Grémillier sculp.t

interruption. Le temps des amours venu, le couple choisit un trou d'arbre, et à la manière des pics, sans préparations, la femelle dépose sur la poussière du bois vermoulu quatre œufs blancs que le mâle couve tout aussi-bien qu'elle à son tour. Au sortir du nid les petits se forment en petite bande avec le pere et la mere, et toute la famille vit ensemble tant que les secours de ces derniers sont utiles aux autres: les jeunes se séparent à leur tour par paire, et chaque couple vit de son côté. Il est à remarquer que parmi les quatre petits il y a toujours deux mâles et deux femelles; je l'ai du moins constamment vu dans vingt-trois nichées que j'ai eu sous les yeux, et que j'ai bien examinées. Ces oiseaux sont tellement communs et d'ailleurs si peu craintifs qu'il est extrêmement facile de trouver leur nid; il n'y a même qu'à suivre la petite bande de près vers le soir, et elle vous indique le trou dans lequel pere, mere, et jeunes, ne manquent pas d'aller coucher tous les soirs, et où ils entrent d'autant plus vîte qu'ils voient qu'on les observe : il m'est ainsi arrivé souvent de prendre vivante toute la petite bande. C'est une chose assez remarquable que tous les oiseaux qui nichent dans des trous d'arbres se retirent dans ces mêmes trous pour y coucher; tandis que tous les autres oiseaux, une fois que les petits ont pris l'essor, ne reviennent plus dans leur nid. J'ai trouvé quelquefois dans le pays des Namaquois plusieurs barbus établis dans les cellules d'une espece de grand nid que bâtissent en commun des oiseaux, que pour cette raison j'ai nommés les républicains dans mon Histoire naturelle des oiseaux d'Afrique. J'ai aussi remarqué que tous les oiseaux qui ne font point de nid, et qui se contentent de trous d'arbres ou de creux de rochers, sont sujets à s'emparer des nids des autres, mais seulement de ceux qui sont fermés : les oiseaux qui ont leur nid ouvert n'ont rien à craindre de ces envahisseurs; c'est qu'un nid ordinaire ne les abriteroit pas assez : ainsi sans doute l'a voulu la nature; et l'instinct des animaux les porte toujours à ne faire que ce qui leur est propre. Un couple barbu manque-t-il d'un trou d'arbre pour y élever ses petits, il trouve un oiseau qui a fait un nid entièrement fermé; il est le plus fort, il chasse l'oiseau, et il s'empare du nid, parcequ'il y trouve l'équivalent de son trou d'arbre, et que c'est un trou ou l'équivalent d'un trou qu'il lui falloit; s'il manque de l'un et de l'autre, il ne nichera pas cette année-là : mais il faut qu'il propage son espece, telle est la loi que la nature a imposée à tous les êtres. L'oiseau que la nature a privé de l'intelligence nécessaire pour faire un nid doit donc en trouver un tout fait, ou par les larves des scarabés, qui, ayant miné un tronc d'arbre, lui facilitent les moyens de s'y établir, ou dans celui d'un autre oiseau qui lui conviendra par sa forme. Cet autre oiseau qui aura fait le nid dont se sera emparé le barbu fera un autre nid, car la nature lui en a donné les moyens et le besoin : de même, n'ayant pas voulu

que les coucous couvassent leurs œufs, ni qu'ils élevassent leurs petits,
les coucous pondent dans le nid des autres oiseaux, et les autres oiseaux
couvent les œufs des coucous, et élevent les jeunes coucous. Mais ne
croyons pas que le coucou dépose son œuf dans le premier nid qu'il
trouve : il sait que, ne mangeant pas lui-même de graines, ses petits
n'en mangeroient pas non plus ; il choisira donc un nid qui convienne
à ses petits, le nid d'un oiseau qui vit d'insectes : la nature lui a appris
que s'il laissoit ses œufs dans le nid d'un ramier ou d'une tourterelle,
ceux-ci ne donneroient que des graines à ses petits ; et que s'il les dé-
posoit dans celui d'un épervier ou d'un émerillon, ils seroient mangés.
Savants qui donnez la raison et qui savez le pourquoi de tout, il y a
là de quoi exercer votre entendement pendant des siecles !

Nous avons dit plus haut que dans l'espece du barbu à gorge noire les
vieux avoient beaucoup d'attachement pour leurs petits ; nous avons aussi
beaucoup d'exemples qui prouvent que cette affection naturelle à tous les
êtres va plus loin chez les oiseaux que chez les autres, et qu'on l'y trouve
même dans chaque individu pour toute son espece ; car nous voyons, par
exemple, des vieux moineaux étrangers à des jeunes qu'on a enlevés du
nid paternel, leur apporter à manger à travers les barreaux de leur cage ;
on a même vu cela entre des vieux moineaux dont les uns se trouvoient
enfermés et manquoient de nourriture. J'ai aussi la preuve que la recon-
noissance est propre aux oiseaux ; et à cet égard le barbu à gorge noire me
fournit une anecdote qui mérite d'être rapportée, et dont je ferai le sujet
de l'article suivant. Nous y verrons que chez les animaux il existe des
sentimens naturels de bienveillance qui feroient rougir l'espece humaine,
si l'on ne savoit que ce n'est qu'au mépris des lois de la nature que les
hommes doivent la plupart leurs institutions sociales, cause de tous leurs
vices.

Le Barbu à gorge noire dans sa viellesse. n.º 31.

LE BARBU À GORGE NOIRE, MÂLE,
DANS SON EXTRÊME VIEILLESSE.

(N° 31.)

Nous avons dit que les barbus à gorge noire nichoient dans des trous d'arbres, mais qu'ils étoient sujets à s'emparer des nids de quelques autres oiseaux pour y faire leur ponte, et que souvent on les trouvoit établis dans les cellules de ceux que se bâtissent en commun certains oiseaux d'Afrique, que pour cette derniere raison j'avois nommés *les républicains*. C'est dans un de ces vastes nids de républicains que je découvris un jour sur un très grand aloës *dichotome*, que je trouvai l'individu barbu à gorge noire de cet article. Je m'étois proposé de prendre vivants un certain nombre de républicains : à cet effet je me rendis le soir au pied de l'aloës, et je me mis à retirer de chaque cellule du nid les oiseaux qui y étoient couchés; c'étoient ordinairement un mâle et une femelle. Cependant dans l'une de ces cellules je trouvai cinq oiseaux; et ayant senti, aux cruelles morsures qu'ils me firent à la main, que j'avois affaire à d'autres hôtes qu'à des républicains, je me doutai d'abord que c'étoient des barbus, ainsi que cela m'étoit arrivé dans d'autres occasions, ou de petits perroquets qui s'établissent aussi quelquefois dans ces nids de républicains. Je retirai les cinq oiseaux, et, de retour à mon camp, je reconnus en eux cinq barbus, dont un se trouvoit tellement caduc qu'il ne pouvoit ni marcher ni voler; ses couleurs, absolument détériorées, annonçoient un oiseau très vieux et parvenu au dernier période de la vie. Quoiqu'impotent à ne pouvoir sortir de la cellule d'où je l'avois tiré, ni par conséquent se procurer par lui-même de la nourriture, cet individu me parut intéressant à observer. Il étoit évident que les autres individus de l'espece que j'avois trouvés avec lui devoient pourvoir à ses besoins; et je ne tardai pas à en avoir la preuve, lorsqu'ayant mis mes cinq barbus dans une cage faite de roseaux, et leur avoir donné des insectes et des fruits dont je savois qu'ils faisoient leur principale nourriture, je vis les quatre barbus bien portants s'empresser à donner à manger au moribond relégué dans un des coins de la cage, appuyé toujours sur le ventre, les jambes écartées sur les côtés du corps; enfin les pieds étoient crochus, et les articulations des ailes et des doigts tellement gonflées

et paralysées que tout mouvement étoit interdit au pauvre animal. — Je
me transportai de nouveau sur les lieux où j'avois pris mes cinq barbus
pour examiner la cellule d'où je les avois tirés, et j'y fus convaincu,
par beaucoup de débris d'insectes et une quantité prodigieuse de noyaux
entassés des fruits que mangent ces oiseaux, que depuis long-temps le
barbu caduc étoit nourri par les quatre autres. Ce fait intéressant pour
l'histoire ornithologique, les naturalistes me sauront peut-être quelque
gré de l'avoir rapporté; ajouté à ce que nous connoissions déja des soins
que les vieux oiseaux donnent aux jeunes de leur espece lors même
qu'ils n'en sont pas les pere et mere, il prouve invinciblement l'existence
d'un sentiment de bienveillance naturelle chez les volatiles.

On ne se refusera pas sans doute à reconnoître pour appartenir à
l'espece de barbu que nous surnommons à gorge noire, le barbu varié
dont il est question dans cet article. Il est bien vrai que ses couleurs sont
tellement détériorées qu'il semble différer totalement sous ce rapport
des autres individus de cette espece; mais, d'après ce que nous avons
déja dit sur la détérioration des couleurs des oiseaux à cet âge où ils
perdent la faculté de renouveler leurs plumes, celles-ci changent de
nuance : or, en examinant avec attention le barbu que nous avons figuré
en tête de cet article, on verra que le rouge du dessus de la tête de l'oiseau
est devenu jaune, le noir de la gorge et du fond général du plumage
brun, et qu'enfin le jaune a blanchi; effets très naturels de la dégradation de ces mêmes couleurs, et si naturels, que je suis persuadé qu'un
barbu empaillé dans son état parfait (tel que nous l'avons représenté en
son lieu), et qui auroit vieilli dans un cabinet très éclairé, se trouveroit
par toutes ses couleurs absolument semblable à notre barbu dans la
caducité. C'est aussi à cette grande différence qui existe entre des individus bien conservés d'une espece, et d'autres individus de cette espece
mal préparés, et qui auroient vieilli dans des collections, que je dois le
reproche que me font quelques ignorants, ou quelques intéressés, de
publier des oiseaux plus beaux qu'ils ne seroient dans l'état naturel. J'ai
invité plus d'une fois ces beaux diseurs à venir s'assurer chez moi que,
quoique les figures que je publie soient sans doute fort belles, elles sont
encore au-dessous des objets qu'elles représentent; mais ils se gardent
bien de venir ! . . .

Le Barbion mâle. N.º 32.

LE BARBION MÂLE.

(N° 32.)

Ce nouveau barbu, d'une très petite taille, se trouve aussi en Afrique, et habite les mêmes cantons que l'espece précédente, avec laquelle il a beaucoup de rapport par ses couleurs, tellement même qu'à la premiere inspection, et sans les caracteres particuliers qui l'en distinguent d'ailleurs, il seroit possible qu'on le regardât comme n'en étant qu'une simple variété d'âge ou de sexe. Le bec est par sa forme l'endroit par lequel ces deux oiseaux different le plus l'un de l'autre; différence qui seule suffiroit pour faire prendre le barbion pour un tout autre oiseau que pour un barbu, si les autres caracteres du genre étoient moins bien prononcés. En effet le bec du barbion est conique, tout droit, la mandibule supérieure n'ayant aucune échancrure : celle-ci est très aiguë, ainsi que l'inférieure, qui tend à se relever un peu vers la pointe; ce qui rend ce bec absolument différent non seulement de celui du barbu à gorge noire, mais même de ceux de tous les autres barbus; ce qui confirme aussi ce que j'ai déja prouvé plusieurs fois qu'il s'en falloit bien que la nature eût donné à toutes les especes d'un même genre aussi rigoureusement la même forme de bec qu'il le paroîtroit d'après nos méthodistes. Le barbion a, comme le barbu à gorge noire, une plaque rouge sur le front; mais ici le rouge est plus vif. Les couleurs du dessus du corps depuis la tête jusque sur la queue sont aussi à-peu-près les mêmes dans les deux especes, avec cette différence cependant que dans l'autre le noir domine davantage, et que chez le barbion, au lieu d'y être répandu en larmes sur le milieu de chaque plume, le jaune occupe la moitié de chacune de ces plumes, dont l'autre moitié est noire. Les couvertures des ailes du barbion, ainsi que les bords de ses pennes alaires, sont d'un beau jaune d'or sur un fond noir, et les plumes de sa queue, toutes d'égale longueur, sont frangées de jaune soufre; une étroite bande blanche qui entoure la base de la mandibule supérieure se prolonge sous les yeux, et adhere à une autre bande blanche qui descend sur le côté du cou, et s'y trouve resserrée entre deux autres bandes noires plus larges: si nous ajoutons qu'une ligne noire sépare la plaque rouge de la tête de la bande blanche des narines, et que toute la gorge est d'un beau jaune, l'on concevra que toute cette distribution de couleurs produit un très bel effet. Tout le dessous du corps est d'un verd-jaune couleur de soufre; le bec est noir, et les pieds sont bruns; les barbes de la mandibule supérieure sont blanches, et celles de l'inférieure noires; les yeux sont bruns.

La femelle du barbion ne diffère du mâle que par des couleurs un peu moins vives; car elle a aussi la tache rouge du front: dans le jeune âge elle n'a pas cette tache rouge qu'on apperçoit déja chez le jeune mâle.

L'espece habite l'intérieur des terres de l'Afrique. Je ne l'ai trouvée qu'à mon retour du pays des Cafres, sur les bords du Sandag, du Swarte-Kop, et dans tout le Karow, où on trouve aussi l'espece du barbu à gorge noire: cependant à la côte ouest du pays et chez les Namaquois, où cette derniere est très commune, je n'ai pas trouvé le barbion. Ces petits barbus vivent en petites troupes, c'est-à-dire par famille: ils fréquentent les mimosas, sur les branches desquels on les voit se suspendre en tous sens comme nos mésanges, et béqueter les écorces pour en détacher les petits insectes et les œufs de papillons: ils ont un petit cri d'appel *piri-piri-piri-piriri-piri*, qu'on leur entend continuellement faire pendant qu'ils sont en recherche de leur proie; ce qui donne assez de facilité pour les reconnoître et les trouver. Dans le temps des amours on ne voit plus ensemble que le mâle et la femelle, et dans cette saison le mâle fait entendre une espece de chant formé des cris *piron-pion-piron-pion*, qu'il répete pendant des heures entieres perché sur le sommet des plus grands arbres, où il est impossible de le tirer. La femelle pond six œufs blancs dans le trou d'un arbre, et le mâle les couve à son tour. L'espece du barbion est beaucoup moins nombreuse que celle du barbu à gorge noire: je n'ai pu apporter en Europe que quatorze de ces individus tant mâles que femelles, et que j'ai partagés avec mes amis.

Le Barbu rose gorge. N.º 55.

LE BARBU ROSE GORGE.

(N.º 33.)

Ce beau barbu, dont aucun naturaliste que je sache n'avoit encore parlé, habite l'isle de Java, d'où il a été envoyé à M. Temminck d'Amsterdam, qui le conserve dans son précieux cabinet. Il est à-peu-près de la taille des barbus de la Guyane; et à cet égard on peut s'en rapporter à la figure que nous publions de cet oiseau, ainsi qu'à celles que nous donnons de nos autres barbus, car ils y sont tous de grandeur naturelle. La couleur rouge rosacé qui enveloppe la gorge et tout le devant du cou de celui-ci, m'a déterminé à lui donner le nom de barbu rose gorge (1).

Le front est de ce même rouge, et au-dessous des yeux est une tache formée en croissant qui s'étend du coin de la bouche au-delà de ces derniers. La poitrine est d'un verd jaunâtre qui dégénere en gris blanc teinté de verd jaunâtre sur le sternum et tout le dessous du corps; mais toutes les plumes de ces parties ainsi que celles rouges du devant du cou portent dans leur milieu un trait noirâtre qui s'agrandit successivement à mesure qu'il descend vers les parties postérieures. Les joues sont noirâtres. Le dessus de la queue, le derriere du cou, le dos, les scapulaires, toutes les couvertures des ailes, le croupion et les couvertures du dessus de la queue sont d'un beau verd nuancé de jaune, brunissant un peu sur les côtés du cou. Les pennes alaires sont d'un noir brun, mais bordées de verd changeant en bleu; celles de la queue sont en grande partie vertes et se terminent en noir brun. Le bec et ses barbes sont noirs et les pieds jaune pâle. La couleur des yeux ne nous est pas connue.

L'individu que je viens de décrire est le seul de l'espece que j'aie jamais vu, et je le crois mâle.

(1) Cette couleur se trouve un peu trop foncée sur mes planches.

LE BARBU ÉLÉGANT.

(N° 34.)

Cet oiseau est sans contredit, par la distribution régulicre de ses magnifiques couleurs, le plus beau de tous les barbus connus: aussi habite-t-il la contrée la plus riche de l'univers, celle où la nature semble avoir prodigué tous ses dons; celle qui si long-temps excita la cupidité des avides peuples de l'Europe, dont pas un seul n'a su profiter sagement des avantages qu'elle leur offroit; contrée heureuse où toutes les productions portent l'empreinte de la munificence du Créateur; cet oiseau enfin habite le Pérou. J'ai vu autrefois dans notre cabinet du Jardin des Plantes un très bel individu de l'espece, mais qui a eu le sort de tant d'autres qui ont péri, soit par les insectes rongeurs, soit par les fumigations de soufre, plus destructrices encore: de sorte que nous n'avons plus en France l'espece de ce barbu; ce qui rend plus intéressante la description vraie que Brisson a publiée de cet oiseau sous le nom de barbu des Maynas et d'après un individu qu'il avoit vu dans la précieuse collection de Réaumur; collection la plus riche qu'il y eût alors en France, dont les débris sont passés depuis au Jardin des Plantes, mais où on ne trouveroit peut-être plus aujourd'hui un seul des individus qui la composoient, et cela par l'effet de la mauvaise méthode qu'on suivoit à cette même époque dans la préparation des dépouilles d'animaux. Buffon a fait mention de cette même espece de barbu sous le nom de *beau tamatia*, comme étant la plus belle ou plutôt la moins laide de ce genre, parcequ'il la trouve plus petite et plus effilée que les autres tamatias; cependant, d'après la figure coloriée qu'on en voit dans son ouvrage sous le nom de *barbu des Maynas*, il s'en faut qu'elle ait cet air délié qu'il lui prête. La vérité est que cet oiseau n'est pas plus svelte qu'aucun autre barbu dont il a absolument toutes les formes. Quant à la figure qu'en a publiée Brisson il n'est pas étonnant qu'on n'y trouve absolument pas la physionomie d'un barbu, car cette figure a été faite d'après un individu préparé à la maniere dont on préparoit alors toutes les dépouilles d'animaux, c'est-à-dire fort mal; il est aussi probable que c'est là ce qui aura occasionné l'erreur de Buffon sur les caracteres extérieurs de l'oiseau. Quoi qu'il en soit, nous avons la satisfaction de donner ici le portrait fidele et de grandeur naturelle de l'espece de ce

Le Barbu élégant. n.° 34.

barbu d'après un très bel individu parfaitement bien conservé, que j'ai vu à Madrid chez M. Davila, et qui avoit été envoyé du Pérou.

Les caracteres de cet oiseau sont absolument semblables à ceux des autres barbus du nouveau monde. Le bec est fort, uni sans échancrure absolument aucune; les ailes sont courtes, et la queue est étagée dans les trois pennes les plus latérales de chaque côté, les quatre du milieu étant égales entre elles; ce que Brisson avoit bien vu aussi. Le devant de la tête et la gorge sont d'un rouge vif, et les plumes de ces parties sont rudes comme chez les autres barbus qui ont ces mêmes parties rouges. Les joues dans ce qui est compris entre le coin de la bouche et les oreilles sont d'un beau bleu d'outre-mer, qui, dans les endroits où il touche au rouge de la gorge et du devant de la tête, prend un ton violacé; cette plaque bleue, dont la forme se trouve être triangulaire, jette de chaque angle de sa base une bande bleue, dont l'une termine sur l'occiput le rouge de la tête, et l'autre frange le bas de celui de la gorge; ce qui produit l'effet le plus agréable. L'occiput, le derriere du cou, le manteau, les ailes et leurs couvertures, le croupion, les couvertures du dessus de la queue, le dessus de celle-ci, tout le dessus de l'oiseau enfin est d'un verd brillant semblable à celui des barbus des Indes. Le bas du devant du cou et la poitrine sont d'un jaune jonquille auquel succede une large plaque rouge, qui couvre en forme de plastron le milieu du sternum; le ventre, les flancs, le bas-ventre, et les couvertures du dessous de la queue sont d'un blanc jaunâtre avec des traits verdâtres et pointus sur le milieu des plumes de ces parties. Les couvertures du dessous des ailes sont d'un jaune foible; leurs premieres pennes sont brunes, les autres sont extérieurement du même verd que le dos, brunes vers leurs tiges, puis blanc jaunâtre; de sorte que le milieu du revers des ailes est de cette derniere teinte. Le bec est entièrement couleur de plomb, à l'exception de la pointe et du bord des tranches qui en sont jaunes; les pieds sont aussi couleur de plomb. Tel est exactement ce bel oiseau que Buffon a trouvé assez difficile à décrire pour renvoyer tout simplement le lecteur à la figure qu'il en a donnée. Il est vrai que les descriptions très détaillées d'oiseaux prêtent peu à l'élégance du style; et Buffon tenoit sans doute trop à cet avantage pour le sacrifier à tout autre : pour moi, qui ne l'ai jamais ambitionné, j'ose espérer que mon exactitude fera pardonner à la simplicité de mes écrits.

J'ai cru devoir changer les dénominations de *beau tamatia* et de *barbu des Maynas*, données à l'espece du barbu de cet article, en celle de barbu élégant, puisqu'en effet cet oiseau n'est pas un tamatia, et qu'il se trouve ailleurs qu'aux Maynas; il ne faut pas, autant que cela est possible, que les dénominations viennent favoriser des erreurs déja trop faciles à commettre.

LE BARBU A COLLIER ROUGE.

(N° 55.)

Ce barbu, qui habite une grande partie de l'Inde, est trop bien caractérisé par le collier rouge bordé de noir qui lui traverse le devant du cou immédiatement au bas de la gorge pour qu'on ne lui laisse pas le nom que je lui donne ici de préférence à celui de barbu des Philippines, sous lequel il se trouve très mal figuré dans Buffon, qui le décrit ensuite sous le nom de barbu à gorge jaune; caractere commun à plusieurs barbus, et par conséquent insuffisant à établir entre eux aucune distinction. Celui-ci a le bec très fort relativement à sa taille; la mandibule supérieure est chez lui sans échancrure, et déborde à sa base l'inférieure, qu'elle couvre et emboîte; un sourcil étroit et de couleur jaune de soufre couronne les yeux, au-dessous desquels on voit encore une tache aussi jaune de soufre, formée en larme, dont la pointe aboutit au coin de la bouche et la base aux oreilles; le front est couvert d'une plaque de rouge vif qui se termine circulairement par derriere; le reste du dessus de la tête, l'occiput, et la partie des joues qui n'est pas jaune sont d'un verd sombre qui dans l'ombre semble noir. Le derriere du cou, le manteau, le croupion, les couvertures du dessus, le dessus même de la queue, les couvertures des ailes et les bords extérieurs de leurs pennes sont d'un verd plus ou moins brillant, teinté de bleu ou nuancé de brun, suivant les incidences de la lumiere; la gorge est d'un jaune pur, que termine un collier rouge bordé de noir; le bas du cou et la poitrine sont toutes d'un jaune plus foible que celui de la gorge, lequel jaune couvre le reste du dessous du corps en se dégradant toujours davantage: cependant toutes les plumes de ces dernieres parties portent sur leur milieu un trait longitudinal d'un verd brun. Le bout des pennes alaires est brun; leurs barbes sont aussi brunes vers les tiges, mais d'un blanc sale à leurs bords intérieurs, ainsi que les couvertures du dessous des ailes. Le bec, qu'ombragent de longs poils roides et saillants, est brun; les pieds sont jaunâtres, et les ongles bruns; le revers de la queue est d'un gris bleuâtre.

Buffon a rapporté cet oiseau à l'espece du barbu des Philippines de Brisson; ce que je présume être une erreur que beaucoup de nomenclateurs ont aveuglément adoptée. Brisson a toujours été trop exact pour qu'il soit à croire qu'il eût placé une large bande rouge sur le bas du

Barraband pinx.t   De l'Imprimerie de Langlois   Grémillier sculp.t

cou d'un oiseau, s'il ne lui avoit vu qu'un collier étroit de cette couleur
au bas de la gorge seulement, tel que l'a le barbu que nous désignons
par ce collier : d'où je conclus que le barbu des Philippines de Brisson
n'est pas plus le barbu à gorge jaune des descriptions de Buffon qu'il
n'est le barbu des Philippines de ses planches. Je conclus cela avec
d'autant plus de raison qu'en effet nous connoissons un barbu qui, quoiqu'à
certains égards ressemble au barbu à collier rouge de cet article, porte sur
la poitrine cette large bande rouge que Brisson donne à son barbu des
Philippines, et qui le distingue de celui que Buffon a décrit et figuré. Ainsi
ce ne sera pas sans raison que nous rapporterons le barbu des Philippines
de Brisson au barbu de notre article suivant, que nous nommons *barbu
à plastron rouge*, à cause du large collier de cette couleur qu'il porte sur
la poitrine. . . . . . Au reste que le barbu à gorge jaune de Buffon soit ou
ne soit pas de la même espece que le barbu des Philippines de Brisson,
et que même mon barbu à collier rouge n'appartienne ni à l'une ni à
l'autre espece; ce qu'il y a au moins de bien certain c'est que ce barbu à
collier rouge existe tel que nous l'avons figuré et décrit d'après plus de
trente individus de l'espece que nous avons vus, comparés entre eux et
bien examinés : or en comparant à ce barbu la figure que Buffon a donnée
de son barbu à collier jaune n° 331 de ses planches enluminées, on ne
peut s'empêcher de reconnoître dans cette figure, toute détestable qu'elle
soit, notre barbu à collier rouge plutôt que tout autre barbu. Mais si,
d'un autre côté, on compare cette même figure de Buffon avec la description que l'auteur donne de l'oiseau que cette figure est censée représenter, on ne trouve plus aucun rapport entre l'objet figuré et l'objet
décrit; car sur cette figure l'oiseau n'a pas, comme le dit l'auteur, la
poitrine rouge, mais bien un collier étroit qui lui traverse le devant du
cou au bas de la gorge proprement dite; ce qui n'est pas la poitrine.
Buffon dit encore que la tête de cet oiseau est rouge; ce qui est encore
inexact, ce que la figure ne présente même pas, puisqu'il n'y a qu'une
partie du devant de la tête qui soit rouge. Si ensuite on consulte le portrait que Sonnini a donné du barbu à gorge jaune de Buffon dans sa
nouvelle édition du Buffon, pl. 127, fig. 2, c'est tout autre chose encore;
car ici on nous fait un barbu qui a toute la tête rouge et un large plastron
de cette couleur sur la poitrine !... Si ce ne sont là que des inexacti-
tudes, elles sont au moins telles qu'elles ont toujours produit les erreurs
multipliées dont je me plains sans cesse, parcequ'elles font donner et
feront toujours donner un même oiseau trois ou quatre fois pour autant
d'especes différentes. Les ornithologistes qui ne connoissent pas par eux-
mêmes les oiseaux dont ils veulent parler, ne font que comparer entre
elles les descriptions que les autres auteurs ont publiées de ces oiseaux;
alors, pour peu qu'il y ait de différence dans ces descriptions (et il y
en a toujours lors même qu'elles seroient à-peu-près exactes), ils ne

balancent pas à établir des especes d'après ces différences : ce qui n'arri-
veroit pas si le savant qui veut écrire connoissoit l'oiseau dont il veut
parler ; car quelque imparfaites que soient les descriptions d'un auteur
qui a vu en nature, on reconnoît toujours, en ayant égard à sa maniere,
les objets qu'il a décrits.

Le barbu à collier rouge habite différentes contrées de l'Inde : on le
trouve à Ceylan, à Java, aux Philippines, etc. J'ai vu plus de trente individus de l'espece provenant de ces isles et absolument semblables entre
eux. Cependant, lorsqu'ils ont vieilli dans les collections, ou qu'on les a
mal préparés, ces oiseaux different quelquefois sensiblement les uns des
autres ; le rouge palit, le verd brunit, jaunit, blanchit ; le jaune même
s'efface entièrement : de là les descriptions diverses, et les erreurs sans
nombre qu'elles occasionnent, par les raisons que j'ai dites plus haut, et
qu'il me seroit pénible de répéter.

Brown, dans ses nouvelles Illustrations de Zoologie, page 29, pl. 14, a
décrit d'une maniere imparfaite notre barbu à collier rouge. Aussi les méthodistes n'ont pas manqué d'établir, d'après cette description de Brown
et la mauvaise figure que cet auteur a donnée de l'oiseau, une espece toute
différente de celle du barbu à collier rouge ; espece chimérique dont
Sonnini a fait son *barbu à couronne rouge*. Le *bassenbuddo* de Sonnini,
donné par Latham d'après un dessin trouvé dans une collection de pein-
tures, nous paroît être aussi le même oiseau, quoiqu'on nous dise qu'il
a la tête noire ; ce qui dans un dessin peut avoir dépendu de la position
du sujet, puisque sous tel jour le verd-sombre paroit plus ou moins noir.
Cette seule raison devroit nous faire rejeter toutes les descriptions faites
sur des dessins. Je me suis déja élevé contre le dangereux usage d'admettre dans un ouvrage d'histoire naturelle des especes qu'on n'a vues
qu'en peinture : que seroit-ce si nous n'avions aucune preuve des talents
et de l'exactitude du peintre ? Je sens parfaitement avec quel avantage on
pourroit aujourd'hui me contester la justesse de ces remarques ; mais
avec le temps, lorsque les naturalistes auront vu qu'aucune de toutes ces
especes nominales d'oiseaux dont on encombre la science ne s'est pré-
sentée à eux, on sera, j'espere, forcé de reconnoître la vérité.

Le Barbu à plastron rouge. N.° 36.

Barraband pinx.

De l'Imprimerie de Rousset.

Grémillier sculp.

LE BARBU À PLASTRON ROUGE, MÂLE.

(N° 36.)

Ce barbu, qu'on distinguera facilement au large plastron rouge qu'il porte sur le haut de la poitrine, habite, ainsi que l'espece de notre article précédent, une grande partie de l'Inde; mais il est plus rare dans nos cabinets d'Europe : je l'y ai trouvé du moins plus rarement que celle-ci. Nous pensons, comme nous l'avons déja dit, que le barbu à plastron rouge n'est autre chose que le barbu des Philippines de Brisson, et que Buffon n'en ayant pas connu l'espece, s'est mépris en lui rapportant son barbu a gorge jaune, qui plus vraisemblablement est le même oiseau que celui que nous avons décrit sous le nom de barbu à collier rouge ; ce que le lecteur pourra reconnoître par lui-même en comparant les descriptions et les figures des deux auteurs que nous venons de citer à celles que nous donnons des deux oiseaux.

Le barbu à plastron rouge a la gorge et tout le devant du cou d'un beau jaune soufre que termine sur le haut de la poitrine une large bande rouge qui aboutit de chaque côté au poignet des ailes, lorsque celles-ci sont appliquées au corps. Tout le dessous du corps, depuis cette bande rouge jusqu'au ventre, est d'un jaune soufré, plus pâle que celui de la gorge, et qui, se dégradant toujours davantage à mesure qu'il approche des parties basses, prend sur le bas-ventre et les couvertures du dessous de la queue un ton plus verdâtre; mais une grande partie des plumes de tout le dessous du corps porte un trait longitudinal verd-sombre sur son milieu. Le dessus de la tête, depuis les narines jusque passé les yeux, est couvert d'une plaque rouge vif. Au-dessus et au-dessous des yeux se voit une tache du même jaune que celui de la gorge; de maniere que ceux-ci se trouvent renfermés entre elles; l'espace compris entre les yeux et le bec est noir ainsi que le derriere de la tête et les joues, lequel noir, en se chargeant insensiblement d'une teinte verte qui se fonce toujours davantage prend enfin sur tout le dessus du corps un verd-sombre tirant au brun ou à l'olivâtre, suivant les incidences de la lumiere; cependant sur les couvertures des ailes on remarque quelques franges d'un jaune pâle : les pennes alaires sont brunes et à bordures verd-bleuâtre extérieurement, jaunâtres en-dessous; ce qui rend de cette derniere couleur tout le milieu du revers des ailes, dont les couvertures sont du même ton jaune. Quelques poils noirs ombragent les narines: le bec, qui est très épais, arqué, et sans échancrure, est d'un noir de corne, ainsi que les ongles ; les pieds sont d'un jaune sale, et le revers de la queue est d'un gris bleuâtre.

Brisson dit que la femelle de son barbu des Philippines, que je crois bien être, ainsi que je l'ai dit, notre barbu à plastron rouge, diffère du mâle en ce qu'elle est moins forte que lui, qu'elle n'a de rouge ni sur le dessus de la tête ni sur la poitrine, et que le jaune du devant du cou est plus pâle chez elle. Comme je n'ai jamais vu d'individu de l'espece qui ressemblât à cette femelle suivant Brisson, je ne dirai rien de positif à cet égard ; seulement je serois porté à croire que l'individu femelle dont parle ce naturaliste étoit plutôt un jeune oiseau que la femelle adulte de notre barbu ; car dans toutes les especes de barbus tant de l'ancien que du nouveau continent que j'ai vues, lorsque les mâles portent sur la tête une plaque rouge, les femelles adultes y en portent une aussi. Il est possible au reste qu'il y ait exception dans l'espece dont il s'agit ici comme dans beaucoup d'autres peut-être que nous ne connoissons pas encore ; car la nature est loin d'avoir suivi dans ses productions une marche tellement uniforme qu'elle ne s'écarte jamais des regles qu'il nous plaît d'établir.

Les individus de l'espece du barbu à plastron rouge que Brisson avoit vus dans le cabinet de Réaumur avoient été apportés des Philippines par M. Poivre : trois autres, que j'ai vus en Hollande dans les collections de MM. Holtuysen et Boërs provenoient de Java ; et un quatrieme, que j'ai vu chez M. Aubry, à Paris, venoit de Mahé. On voyoit autrefois aussi un très bel individu de la même espece dans notre muséum de Paris.

Le Barbu à ceinture rouge. no. 3.

Barraband pinx.t.   De l'Imprimerie de Rousset.   Grémillier sculp.t

LE BARBU À CEINTURE ROUGE.

(N° 37.)

CE barbu est à-peu-près de la taille du précédent, et il en a tous les caracteres de forme; ce qui nous porte à croire qu'il appartient aux mêmes régions que ce dernier, quoique nous ne connoissions pas précisément le pays qu'il habite. D'après son ensemble, et cet air de famille qui rarement trompe un œil exercé, nous ne balançons même pas à le donner pour un barbu indien ; tant il présente d'analogie avec tous les oiseaux de son genre qui appartiennent à ces contrées lointaines. Un bec fort, et obstrué vers les narines par de longs poils roides dirigés en avant, la plaque rouge du front, le verd du plumage supérieur du corps, les taches longuettes de celui du dessous du corps, tout enfin dans ce barbu a conservé, avec les traits d'une physionomie lourde, massive et écourtée, l'empreinte du moule, si je puis m'exprimer ainsi, des barbus des Indes orientales. Nous le surnommons *à ceinture rouge*, parcequ'il porte en effet sur le milieu du sternum une bande transversale rouge, qui y forme une ceinture à-peu-près semblable à celle du toucan aracari à ceinture rouge que nous avons fait connoître en son lieu ; et nous croyons avoir ainsi parfaitement caractérisé les trois especes analogues de barbus de nos n° 35, 36 et 37, en les désignant, le premier par le collier rouge qu'il porte sous la gorge, le second, par le plastron aussi rouge qu'il a sur le haut de la poitrine, et celui-ci par sa ceinture ; marques auxquelles on les reconnoîtra toujours sans aucun danger de les confondre ni de les prendre l'un pour l'autre.

Le barbu à ceinture rouge a sur le front une plaque rouge vif qui part des narines et s'élève jusqu'à la hauteur des yeux. Immédiatement après ce rouge le dessus de la tête est d'un noir verdissant, de maniere que le verd se prononce davantage à mesure qu'il descend vers l'occiput, tellement même que cette derniere partie est d'un verd décidé qui colore tout le derriere et les côtés du cou, ainsi que le manteau, le dos, les couvertures supérieures de la queue, tout le dessus de celle-ci, et toutes les couvertures du dessus des ailes. Les grandes pennes sont brunes, bordées extérieument de verd bleuâtre et intérieurement de blanc sale. La gorge, le devant du cou et la poitrine sont aussi d'un blanc sale, mais jaunissant vers la ceinture rouge, qui traverse tout le dessous du corps vers le milieu du sternum. Le dessous du corps, depuis la ceinture jusques et y compris les couvertures du dessous de la queue et son revers, est aussi d'un blanc qui jaunit vers la ceinture; cependant toutes les plumes du dessous du corps, même celles rouges de la ceinture, portent un trait longitudinal noirâtre sur leur milieu. Le bec et les ongles sont brun-noir, les pieds brun-jaunâtre, et les barbes roussâtres.

Ce barbu, absolument nouveau, fait partie du cabinet de M. Holthuysen d'Amsterdam, où je l'ai décrit et fait dessiner sous mes yeux. Cet *individu* est aussi le seul de son espèce que j'aie encore vu,

Barraband pinx.t   De l'Imprimerie de Rousset.   Grémillier sculp.t

LE BARBICAN À VENTRE ROSE.

Planche A.

Nous terminons l'histoire des barbus proprement dits par cette seconde espece de barbican, que nous ne nous sommes procurée que depuis fort peu de temps, et que, par cette raison, nous n'avions pas décrite à la suite du barbican de notre n° 19. Comme aussi plusieurs des barbus tamatias, dont nous allons nous occuper, se trouvoient déja gravés et imprimés, nous avons été forcés, pour ne pas interrompre l'ordre de nos n°, d'indiquer par la lettre A la figure de l'espece du barbican à ventre rose; espece absolument nouvelle d'Afrique, et d'autant plus intéressante, qu'elle semble être un composé du barbican et des barbus proprement dits des mêmes contrées : elle formeroit ainsi la nuance entre ces deux familles congéneres, et sous ce rapport il étoit sans doute important de la faire connoitre.

Ce barbican, beaucoup plus petit que l'autre espece, a, comme cette derniere, deux échancrures sur chacune des tranches de la mandibule supérieure, avec cette différence seulement, que chez lui ces échancrures ne sillonnent pas les faces latérales du bec. Quant aux couleurs, ces deux oiseaux ont aussi entre eux beaucoup de rapports. Ils se ressemblent enfin par la forme et la longueur de leur queue étagée, même par la coupe et l'ampleur de leurs ailes. Le caractere qui rapproche le barbican à ventre rose des barbus proprement dits d'Afrique est celui de la plaque circulaire rouge du front, commune à tous ceux de ces derniers que nous connoissions encore, tandis que chez tous les barbus connus de l'Inde et de l'Amérique le rouge du front occupe toute la largeur d'un œil à l'autre. Ce caractere bien facile à saisir, si dans la suite on le trouve constamment dans les especes que nous ne connoissons pas encore, facilitera le moyen de diviser ces oiseaux en petites familles aisées à reconnoitre et à distinguer les unes des autres.

Le barbican de notre n° 19 et le barbican à ventre rose étant figurés de grandeur naturelle, il sera facile au lecteur de les apprécier à l'égard de leur taille. Celui-ci a tout le front, depuis les narines jusqu'à la hauteur des yeux, couvert d'une plaque circulaire rouge vif. Le reste du dessus de la tête et ses côtés, le derriere et les côtés du cou, sont, ainsi que les joues, d'un brun-clair roussâtre ; couleur qui, en se fonçant davantage, devient aussi celle du manteau ou du haut du dos et des scapulaires. Le reste du plumage supérieur, qui comprend toutes les couvertures du dessus des ailes, les ailes elles-mêmes, à l'exception du bout de leurs premieres grandes pennes qui est brun, le croupion, les couvertures du dessus, le dessus même de la queue est noir, mais d'un noir brunissant sous certains aspects. La gorge, le devant du cou, la poitrine, les flancs et les couvertures du dessous de la queue, sont d'un blanc sale, tandis que le milieu du sternum et le bas-ventre sont d'un rouge terne rosacé, et les plumes des jambes noires. Le bec est blaffard ; les ongles sont noirâtres, et les pieds brun-rougeâtre. Les couvertures du dessous des ailes, et le rebord intérieur de toutes leurs pennes, sont d'un blanc sale ; ce qui donne cette couleur à presque tout le revers de celles-ci. Nous ne saurions dire quelle est la couleur des yeux, n'ayant vu que la dépouille parfaitement bien conservée de cette intéressante espece, depuis peu apportée des côtes de l'Afrique méridionale par un voyageur dont presque toute la collection d'oiseaux est passée dans mon cabinet; collection où il se trouve plusieurs belles especes nouvelles, que je m'empresserai d'autant plus de faire connoître aux naturalistes que je ne les avois trouvées dans aucune des parties que j'ai parcourues de ce vaste pays.

Buffon a décrit un petit barbu qu'il a figuré n° 746, fig. 2 de ses planches enluminées. Nous avons vu ce barbu dans le cabinet de Mauduit, et nous l'avons parfaitement reconnu pour être un jeune de l'espece de notre plus petit barbu, que nous avons nommé barbion. Ainsi c'est encore une prétendue espece à rayer de la liste des oiseaux. Il est de plus évident que, quoique la figure que Buffon a publiée de cet oiseau ne ressemble guere à notre barbion, il est, dis-je, évident que la description qu'il en donne a été faite sur cette mauvaise figure. On aura un jour la preuve de la vérité de ce que j'avance ici sur ce petit barbu de Buffon, 4ᵐᵉ espece ; car je défie qu'on le trouve jamais en nature tel qu'il a été figuré et décrit par cet auteur. Il est bon d'observer encore à cette occasion qu'anciennement, du temps de Mauduit, de l'abbé Aubry, etc., on ne connoissoit guere d'autre maniere de préserver les oiseaux des ravages du temps et des insectes que de les faire passer à de fortes fumigations de soufre; que par cette opération on dénaturoit absolument toutes leurs couleurs ; et que de là est née cette quantité d'especes purement nominales que les auteurs modernes ne craignent pas de nous donner pour des especes distinctes, lorsqu'ils ne reconnoissent pas, à des descriptions faites par les anciens ornithologistes d'après des sujets détériorés, les oiseaux plus frais et mieux préparés qu'ils voient aujourd'hui dans nos collections. On peut, pour s'assurer de ceci, voir, au cabinet d'histoire naturelle à Paris, les anciens oiseaux soufrés, qu'on a rendus méconnoissables par cette opération malfaisante et destructrice.

Le Kotterea. N.º 38.

Barraband pinx.t
De l'Imprimerie de Rousset.
Grémillier sculp.t

LE KOTTORÉA.

(N° 38.)

Il suffit d'un premier coup-d'œil pour juger que le bec alongé de cet oiseau, ses formes, et la callosité du tour de ses yeux, ne nous permettent pas de le placer parmi les barbus proprement dits, et que nous devons le considérer à part, non cependant comme entièrement étranger à ces derniers, de la nature desquels il participe indubitablement, mais comme espece intermédiaire des barbus proprement dits et des tamatias, dont il tient aussi, nous osons même dire plus que de ceux-là; de sorte que si l'on vouloit absolument l'admettre avec les uns ou avec les autres, il faudroit au moins en faire un tamatia plutôt qu'un barbu : car les tamatias ont comme lui le bec plus long que les vrais barbus, et n'ont pas plus que lui du rouge sur la tête. Quant à nous, nous sommes d'autant plus déterminés à donner cet oiseau pour espece intermédiaire des deux familles, que si dans la suite on venoit à trouver d'autres especes qui eussent des analogies avec celle-ci (ce qui est très probable), on pourroit former de toutes ces especes un groupe ou une famille dont le kottoréa seroit le premier membre que nous aurions connu. Le meilleur moyen de parvenir à avoir une idée de l'ensemble des êtres c'est de les considérer dans les rapports qu'ils ont ou qu'ils n'ont pas les uns avec les autres, et de les mettre à leur place, isolés, en groupes, ou en familles qui se lient à la masse générale.

L'oiseau dont nous faisons le sujet de cet article se trouve dans une grande partie de l'Inde, et à Ceylan, où les naturels du pays lui donnent, à cause de son ramage plaintif, le nom de kottoréa, que nous lui conservons de préférence à tout autre. Cette même espece ayant été décrite diversement par les naturalistes, elle figure aujourd'hui dans les nouvelles ornithologies sous quatre noms différents, et désignant chacun une espece bien distincte des autres; d'abord dans Buffon sous celui de *barbu verd*, Planc. enl., n° 870. Latham, ayant trouvé dans la collection de dessins de lady Impey ce même oiseau, auquel on avoit peint en rouge la partie nue qu'il a autour des yeux, en a fait une seconde espece, que Sonnini a donnée dans sa nouvelle édition du Buffon comme une variété du grand barbu. Le barbu à masque roux de Sonnini, donné aussi d'après Latham, est encore le même oiseau, qu'il décrit enfin une quatrieme fois, d'après Brown et Pennant, sous le nom de kottoréa. Or voilà le danger des

23

descriptions incomplètes, lors sur-tout que pour établir des espèces on s'en rapporte uniquement aux différences que présentent ces descriptions.

Nous avons figuré le kottoréa de grandeur naturelle : ainsi quant à sa taille on peut s'en rapporter à celle de nos planches qui le représente. Nous avons vu plus de trente individus de divers sexes et âges de l'espèce, qui provenoient de l'isle de Ceylan. Nous en avons vu aussi plusieurs qui avoient été envoyés de Java et d'autres parties de l'Inde. Nous en avons vu un enfin que Sonnerat avoit apporté de Mahé ; et c'est la comparaison que nous avons faite de tous ces individus entre eux, qui nous a mis à même de rectifier les erreurs que les nomenclateurs avoient commises à son sujet. Nous avons aussi beaucoup de raisons pour croire que le dessin que Latham a vu de cet oiseau dans la collection de lady Impey a été fait d'après un individu qui fait aujourd'hui partie de mon cabinet : individu que j'ai acquis à Amsterdam, et auquel on avoit en effet peint le tour des yeux en rouge, les préparateurs ayant en général, sur-tout en Hollande, la mauvaise habitude de colorier ainsi les parties nues des oiseaux. J'ai même vu un de ces barbus dont le tour des yeux avoit été peint en bleu ; ce qui probablement nous auroit encore procuré une cinquième espèce du même oiseau, s'il avoit été remarqué par certains ornithologistes.

Le kottoréa est caractérisé par un bec long, large et épais à sa base, où la mandibule supérieure est évasée et emboîte l'inférieure : celle-ci est arquée, de sorte que le bec est convexe en dessus et en dessous : l'une et l'autre mandibule se terminent en pointe acérée ; de très longs poils, qui vont jusqu'au-delà des deux tiers de la longueur du bec, en obstruent toute la base. Le tour des yeux est entièrement nu, et les ailes ployées dépassent à peine la naissance de la queue, si légèrement étagée qu'elle s'arrondit au bout lorsqu'elle est étalée. La tête est grosse comme chez tous les barbus, et les pieds, robustes, n'ont rien de particulier dans la distribution des doigts. Quant à la couleur du plumage, il varie un peu de nuance, suivant le climat, le sexe ou l'âge. Dans l'état parfait le mâle a toute la tête, le cou et la poitrine d'un brun plus ou moins foncé, ondé de blanc sale ou fauve qui se dessine sur chaque plume en coups de pinceau alongés suivant la longueur de ces plumes : cependant sur le haut de la tête et le derrière du cou le brun est un peu plus foncé, et les ondes sont d'un brun roux ; le brun plus léger de la poitrine est nuancé d'un verd pâle qui, prenant toujours un peu plus de ton, colore tout le dessous du corps, les couvertures du dessous, et le revers de la queue ; sur le haut du dos le verd prend une légère teinte du brun du derrière du cou. Les scapulaires, le croupion, les couvertures supérieures de la queue, toutes celles des ailes, tout ce qui est visible des pennes de ces dernières, le dessus de la queue, sont d'un verd un peu plus foncé que celui du dessous du corps ; cependant le bout des pennes de la queue et celui des pennes alaires se chargent d'un ton brunâtre, et sur les plus petites couvertures des ailes ainsi que sur le milieu de quelques unes des grandes on remarque un trait blanc sale. Le bec est d'un brun rougeâtre; les pieds sont jaunes, et les barbes noires. Pour la peau nue qui entoure les yeux, elle étoit jaune dans tous les individus que j'ai vus de l'espece dans toute leur pureté; individus au nombre de plus de trente envoyés de Ceylan à M. Boërs, le fiscal, pendant mon séjour au Cap. Tous ces individus, qui n'avoient subi d'autre préparation que celle d'être simplement desséchés, sans même les vider m'avoient fourni l'occasion de reconnoître, par la dissection que j'en fis, les sexes de l'espece. Les femelles étoient un peu plus petites que les mâles, et leurs couleurs étoient généralement par-tout un peu moins foncées que celles de ces derniers. Chez les jeunes le brun de la tête tiroit beaucoup au roux, et tout le dessous du corps, au lieu d'y être d'un verd clair, y étoit ondé de brun roux et d'un blanc sale à-peu-près semblable à celui du devant du cou et de la poitrine des vieux; chacune des couvertures de leurs ailes portoit un trait blanchâtre sur son milieu: leur bec enfin, n'ayant pas encore acquis tout son développement, étoit plus court que celui des adultes. Il est facile de juger, d'après les observations scrupuleusement exactes que nous venons de faire, que ce sont ces variations qui ont donné lieu aux nomenclateurs de faire autant d'especes d'une seule et même espece que les ornithologistes y en avoient vue d'après les différents âges et sexes des individus qu'ils en avoient examinés séparément et décrits les premiers. Nous observerons enfin que le verd du plumage du kottoréa est très sujet à se dénaturer par les préparations, et qu'il n'a qu'à vieillir dans une collection pour prendre un ton jaune et finir par devenir feuille morte; ce qui au reste arrive à tous les barbus verds des Indes en général.

LES BARBUS TAMATIAS.

Les barbus tamatias se distinguent des barbus proprement dits par la grosseur et la longueur de leur bec crochu et fendu dans le bout de la mandibule supérieure; ils ont de plus relativement à leur corps la tête plus forte que ces derniers; et comme ils sont aussi plus épais, ils ont l'air plus massifs et plus lourds, quoiqu'en effet ils volent mieux qu'eux, les tamatias ayant en général les ailes plus amples et la queue mieux fournie que les vrais barbus. Les barbus tamatias sont oiseaux solitaires, vivant dans l'épaisseur des forêts; ils nichent, comme les autres barbus, dans des trous d'arbres, et ne se nourrissent absolument que d'insectes, ne touchant jamais aux fruits; ce en quoi ils diffèrent encore des barbus proprement dits, qui, ainsi que nous l'avons vu, vivent et d'insectes et de fruits. Quant à la disposition des doigts, elle est la même dans les deux familles.

LE TAMATIA À PLASTRON NOIR,

OU LE GRAND TAMATIA.

(N° 39.)

CE tamatia est remarquable par la grandeur démesurée d'un bec très épais à sa base, et arrondi sur ses faces : il l'est encore par sa taille plus forte que celle de tous ses congénères ; ce qui nous a déterminés à le nommer le grand tamatia. pour le distinguer d'un autre tamatia qui, quoiqu'il lui ressemble beaucoup par ses couleurs, est beaucoup plus petit que lui, et forme bien certainement une espece très distincte de la sienne.

Le grand tamatia a le front ceint d'un bandeau blanc, et le dessus de la tête d'un œil à l'autre est jusqu'à l'occiput couvert d'une calotte noire. La gorge, les joues et tout le devant du cou sont d'un blanc pur qui, passant sur le derriere de cette derniere partie, y forme un demi-collier entre le noir du dessus de la tête et celui du bas du cou. Le reste du dessus du corps, y compris les ailes et leurs couvertures, la queue et ses couvertures supérieures sont noirs ; cependant ce noir est par-tout relevé par un léger feston blanc sale qui borde toutes les plumes, mais qui sur les grandes couvertures et les dernieres plumes des ailes, ainsi que sur le bord des pennes de la queue se prononce bien davantage. Un large plastron noir qui traverse la poitrine adhere sur les côtés au noir du dessus du corps. Les flancs sont variés de noir et de blanc, et tout le dessous du corps est d'un blanc sale. Le bec et les ongles sont noirs, ainsi que les barbes de la base du bec. Les pieds sont bleuâtres. Dans le jeune âge cet oiseau a le bec brun-noir, le noir de son corps est brunâtre, et toutes ses plumes du dessus du corps sont terminées par une bordure roussâtre.

Ce tamatia est fort commun à Cayenne, à Surinam, et habite probablement toute la Guyane : mais il faut pénétrer dans les forêts solitaires pour se le procurer. Buffon en a donné une figure passable sous le nom de *barbu à gros bec de Cayenne*, n° 689 de ses planches enluminées ; et il en parle dans ses descriptions sous celui de *tamatia noir et blanc*.

Le Tamatia a plastron noir. N.º 39.

Barraband pinx.^t   De l'Imprimerie de Rousset   Grémillier sculp.^t

Le petit Tamatia à plastron noir. n.º 40.

LE PETIT TAMATIA À PLASTRON NOIR.

(N.° 40.)

Cette seconde espece de tamatia, que nous surnommons aussi à plastron noir, est par sa taille de beaucoup inférieure à la premiere, trop même pour qu'on soit tenté de considérer ces deux oiseaux comme variétés l'un de l'autre. Il suffira au lecteur de consulter les deux portraits de grandeur naturelle que nous en publions pour apprécier les différences qu'ils ont entre eux sous ce rapport. Quant aux couleurs du plumage, ce n'est, dans la petite comme dans la grande espece, que du blanc et du noir; mais ces deux couleurs se trouvent distribuées dans l'une assez différemment pour que par cela seul nos deux tamatias forment deux especes. Que sera-ce si nous les considérons du côté de leur taille? car le volume du petit est à celui du grand à-peu-près comme 1 est à 3; disproportion immense entre deux animaux quelconques, mais qu'on a eu le secret de faire disparoître en représentant sur les planches de Buffon le grand tamatia plus petit, et le petit plus grand que nature. Alors, s'est-il dit, ces deux oiseaux pourroient bien ne former qu'une seule et même espece.

Le petit tamatia à plastron noir differe donc du grand non seulement par sa taille, mais encore en ce que les plumes noires du front sont chez lui piquetées de points blancs. Il n'a pas aussi de collier blanc sur la nuque comme le grand; mais en revanche il porte sur les yeux un trait de cette couleur qu'on ne voit pas à l'autre. De plus le plastron noir du petit, se trouvant partout environné de blanc, est isolé, au lieu que celui du grand adhere sur les deux côtés au noir du manteau; les plumes noires du petit tamatia ne sont point écaillées de blanc comme celles du grand, mais il a une tache blanche au bout de ses scapulaires. Enfin toutes les plumes de la queue, à l'exception des deux du milieu qui sont en entier d'un noir uniforme, ont non seulement une tache blanche à leur pointe, mais de plus une semblable tache ronde dans leur milieu; de sorte que la queue porte deux bandes blanches transversales: caractere omis par tous les naturalistes qui ont décrit ce petit tamatia, peut-être parceque les taches blanches du milieu de la queue ne se trouvant que sur les barbes intérieures de ses pennes elles ne s'apperçoivent qu'au revers de celle-ci lorsqu'elle est resserrée. Sous tous autres rapports ces deux oiseaux se ressemblent assez bien; et par la comparaison des deux figures exactes que nous en donnons le lecteur saisira assez facilement ce qu'ils ont entre eux de commun et de différent pour que nous ne croyions pas qu'il soit nécessaire d'entrer dans de plus grands détails à leur sujet. Nos deux tamatias habitent les mêmes contrées; ils vivent et se nourrissent de la même maniere et des mêmes substances.

Dans le grand nombre d'individus de l'espece du petit tamatia, que nous avons été à même d'observer, nous en avons remarqués de plus petits les uns que les autres, et chez qui la couleur noire tiroit au brun roussâtre et le blanc sur le gris: ceux-ci étoient probablement des femelles. D'autres individus portant tous les caracteres d'oiseaux jeunes encore, avoient des bordures rousses sur toutes les couvertures des ailes.

Barraband pinx.   De l'Imprimerie de Langlois   Pérée sculp.

LE TAMATIA À GORGE ROUSSE.

(N° 41.)

Ce tamatia se distingue facilement de ses congénères à la plaque rousse qui lui couvre la gorge, ainsi qu'une partie du devant du cou. La poitrine, les flancs, et le milieu du sternum de cet oiseau portent sur un fond blanc des taches noires arrondies, tandis que son bas-ventre et les couvertures du dessous de sa queue sont d'un blanc roussâtre uniforme, sans tache aucune. Le dessus de la tête est d'un brun roussâtre qui, sur le front, prend un ton plus décidé, et se prolonge ainsi au-dessus des yeux en forme de sourcils. Du coin de la bouche de chaque côté se détache une ligne blanchâtre qui, passant sous les yeux, entoure la nuque, et y forme un demi-collier peu apparent, parcequ'il s'y mêle une légère nuance du brun qui colore tout le derrière du cou. Une balafre noire au-dessous de cette ligne blanche des coins de la bouche, mais qui s'arrête aux oreilles, égaie un peu la physionomie triste de ce tamatia, dont le reste du plumage, c'est-à-dire le manteau, les scapulaires, le croupion, les couvertures des ailes et même les dernieres pennes alaires, les couvertures supérieures, et le dessus de la queue, est d'un brun terreux monotone, relevé seulement par quelques bordures roussâtres au bas du manteau, et sur une partie des couvertures du dessus des ailes. Les grandes pennes alaires sont brunes intérieurement, et bordées de roux en-dehors et en-dedans; de sorte que leur revers est roussâtre, ainsi que le sont les couvertures du dessous des ailes. Le bec, fendu par le bout de la mandibule supérieure, comme chez tous les autres tamatias, est noir; les ongles sont aussi noirs; les pieds sont jaunâtres, les barbes du dessous du bec rousses, et celles du dessus noires. Le revers de la queue est d'un gris-roux; celle-ci est étagée; et les ailes, peu amples, ne dépassent que de fort peu l'endroit où elle prend naissance.

La femelle du tamatia à gorge rousse est un peu plus petite que le mâle, que nous avons décrit plus haut; la couleur rousse de sa gorge est aussi d'un ton moins foncé, et ne descend pas chez elle aussi bas que chez ce dernier; les taches noires du dessous du corps n'y sont ni aussi nettement découpées ni aussi foncées; le brun du dessus du corps de cette femelle est enfin plus roussâtre que celui du mâle dans cette partie. Nous avons fait représenter celui-ci de grandeur naturelle sur nos planches.

L'espece de ce tamatia habite la Guyane, et y est même assez commun, à ce qu'il paroît, puisqu'il est peu de cabinets en France et en Hollande dont elle ne fasse partie. Buffon, qui l'a décrite sous le nom que nous lui avons conservé, l'a figurée aussi, n° 746 de ses planches enluminées, sous la dénomination de barbu à ventre tacheté de Cayenne.

Le Tamatia, à collier noir. N.º 42.

LE TAMATIA À COLLIER,

ou

LE TAMATIA RAYÉ.

(N° 42.)

Quoique nous eussions préféré, pour mieux distinguer cette belle espece de toutes celles de son genre, de lui donner exclusivement le nom de *tamatia rayé*, nous lui avons cependant conservé aussi celui par lequel Buffon l'a désignée dans la description qu'il en a faite tout en figurant le même oiseau, n° 395 de ses planches enluminées, sous la dénomination de *barbu à collier de Cayenne*. Les naturalistes adopteront celle qu'ils jugeront à propos de lui laisser : cependant il est certain qu'un collier ne distingue pas plus le tamatia dont il s'agit ici que ceux dont nous avons parlé précédemment, et qui tous ont aussi un collier : le tamatia à gorge rousse en a un blanc sur la nuque ; le grand tamatia, outre un demi-collier blanc qu'il porte sur le derriere du cou, a, ainsi que le petit tamatia de notre n° 40, un large collier noir qui lui tombe sur la poitrine ; sorte de collier que nous préférons toujours nommer plastron ou hausse-col, suivant sa forme. Le tamatia à collier ne sauroit donc être véritablement distingué de ses congéneres que par le nom de *tamatia rayé*, puisqu'il est le seul de sa tribu qui ait tout le dessus du corps rayé de noir depuis la tête jusqu'à la queue, y compris même les ailes. Ce nom auroit de plus l'avantage de ne laisser aucun doute sur l'espece propre de l'oiseau ; car il n'est personne qui, dans une collection où se trouveroient rangés tous les tamatias connus, ne distinguât d'abord celui-ci. Quelle que soit au reste l'opinion des naturalistes sur ces observations qui peuvent s'appliquer à beaucoup d'autres especes d'oiseaux aussi vaguement nommés que le tamatia à collier, voici la description exacte de ce dernier.

Il a le corps très ramassé ; sa tête, naturellement fort grosse, le paroît encore plus par la longueur des plumes qui la couvrent, et qui, en s'ébouriffant, comme elles en sont très susceptibles, semblent lui faire porter une huppe semblable à celle de notre geai lorsqu'il gonfle son toupet.

La queue du tamatia à collier est étagée, et les ailes ployées ne s'étendent chez lui que jusqu'à l'extrémité des grandes couvertures de celle-ci; le bec et les pieds sont conformés comme ceux des autres tamatias. Quant aux couleurs, un collier noir ayant la forme d'un hausse-col, plus étroit cependant dans son milieu que sur les côtés, ceint la poitrine et semble pendre du haut du dos, sur lequel il passe. L'espace compris entre ce hausse-col et le bec, ou la gorge et le devant du cou, sont d'un blanc pur. Le reste des plumes du dessous du corps, c'est-à-dire celles du bas de la poitrine, celles des flancs, du ventre, et les couvertures du dessous de la queue, sont d'un fauve léger qui s'éclaircit toujours davantage à mesure qu'il remonte vers le collier noir, où ces plumes sont plus blanches que par-tout ailleurs. Celles de la tête, des joues et du haut du derriere du cou sont d'un roux orangé, qui, se fonçant toujours un peu plus, se change sur le manteau, les ailes et le dessus de la queue en un roux-brun rougeâtre; cependant toutes ces parties rousses sont de plus traversées par des lignes noires très rapprochées les unes des autres sur la tête, toujours moins ensuite à mesure qu'elles descendent vers la queue, où elles se trouvent très espacées. Les grandes pennes alaires sont d'un brun noirâtre. Le bec, ombragé de longs poils noirs et durs, est noir sur son arête, et rouge dans ses autres parties. Les pieds sont d'un brun-rouge.

L'espece du tamatia à collier se trouve à Cayenne; le petit nombre d'individus que nous en avons vus avoient du moins tous été envoyés de ce pays, où il ne paroît cependant pas qu'elle soit fort abondante, car il est peu de cabinets où on la possede : je ne l'ai vue en Hollande que chez M. Raye de Breucklerwaert; à Paris que chez Mauduit, l'abbé Aubry, d'Orcy, Lerault, et au Jardin des Plantes; un dernier enfin chez un de nos marchands d'histoire naturelle à qui un particulier en avoit confié la préparation : ce dernier, le plus pur et le mieux conservé de tous, et qu'on a eu la bonté de me prêter, est aussi celui dont nous avons préféré de donner le portrait. Il ne m'a jamais été possible de m'en procurer un pour mon cabinet.

C'est par erreur que Linné a donné cet oiseau pour un oiseau du Cap de Bonne-Espérance; outre que je ne l'y ai jamais vu, il est constant aujourd'hui qu'il appartient à la Guyane; mais il est probable qu'il n'habite que très avant dans l'intérieur des terres, et qu'il s'y tient dans des endroits où l'on ne pénetre guere, puisqu'on l'envoie si rarement de Cayenne, d'où sont venus les sept individus que j'ai eu occasion d'examiner, et entre lesquels j'ai trouvé trop peu de différence pour en occuper le lecteur : j'ai remarqué seulement que le rouge du bec de ceux de ces individus qui avoient vieilli dans les cabinets s'effaçoit, devenoit jaune, et finissoit par blanchir.

Le Tamatia brun. N.º 43.

Barraband pinx.t   De l'Imprimerie de Bousset   Grémillier sculp

LE TAMATIA BRUN.

(N° 43.)

Latham est le premier ornithologiste qui ait fait connoître cet oiseau, auquel il a donné, dans son *General Synopsis*, le nom anglais de *White breasted barbet*, barbu à poitrine blanche ou à plastron blanc, et que Sonnini compte avec raison parmi les tamatias sous celui de *Tamatia brun*, que nous lui conservons ici en attendant qu'on ait bien reconnu l'espece à laquelle il faudra le rapporter: car, disons-le, six de ces tamatias bruns que nous avons examinés avec soin et les seuls que nous ayons vus, étoient tous oiseaux couverts encore de leurs premieres plumes, c'est-à-dire jeunes oiseaux. Celui qu'a décrit Latham et que nous n'avons pas vu, étoit présumablement dans le même cas que ces six autres, puisque d'après la description qu'il en donne il n'en différeroit pas du tout. Ainsi il faut, ou que nous ne connoissions encore aucun tamatia brun dans son état parfait, ou bien que ce que nous prenons pour des tamatias bruns ne soit que des jeunes tamatias d'une des especes que nous avons décrites ; ce dont je ne doute plus, étant sûr, comme je l'ai dit, que les individus dont nous avons parlé plus haut n'étoient que des jeunes oiseaux ayant encore leurs premieres plumes, et devant par conséquent plus ou moins différer des individus adultes de leur espece. Latham soupçonnoit que ce tamatia brun appartenoit à la Guyane: il est en effet de Cayenne, et se trouve aussi à Surinam, d'où tous ceux de ces oiseaux que j'ai vus avoient été envoyés, préparés, comme tous les oiseaux qui nous viennent de ces pays. Comme je me doutois que ces tamatias bruns n'étoient que des jeunes de l'espece du tamatia à gorge rousse, je les comparai avec tous leurs congénaires ; or tout ce que j'ai remarqué jusqu'ici, loin de détruire ces premiers soupçons, n'a fait que les accroître. Un seul de ces oiseaux que j'eusse vu entre le jeune âge et l'âge fait, c'est-à-dire portant une partie des plumes de l'un et de l'autre de ces états, auroit confirmé ou dissipé tous mes doutes ; mais je n'ai pas encore eu le bonheur de le trouver. Je ne donne donc ici que des conjectures que le temps fortifiera ou détruira. Je sais aussi qu'on peut m'objecter que le tamatia brun diffère des autres tamatias que nous avons décrits par son bec moins fort, plus effilé que le leur, et sur-tout par la mandibule supérieure qui n'est pas chez lui partagée en deux pointes ; mais ces différences n'ont rien de surprenant; car chez tous les oiseaux le bec des jeunes et celui des vieux d'une même espece ne se ressemblent jamais: ainsi on ne peut rien conclure dans ces cas d'un bec plus ou moins compliqué dans sa forme, plus ou moins considérable par sa longueur ou son épaisseur. Cette observation, pour n'avoir pas été faite jusqu'ici, n'en est pas moins une vérité de fait dont nous avons donné bien des preuves. Dans les calaos, oiseaux à bec monstrueux, surmonté chez plusieurs d'excroissances ou casques, on ne les apperçoit qu'à peine ou point dans ceux qui sont dans le jeune âge. Chez les bécasses, les bécassines, les jacamars, les courlis, la huppe, les colibris, etc. le bec est beaucoup moins long dans les individus jeunes que chez les vieux, quoiqu'ils aient déja acquis toute la grosseur de corps. Les fortes échancrures du bec des toucans ne paroissent pas non plus dans ces oiseaux avant l'âge fait; pas un oiseau enfin n'a dans son premier âge le bec exactement le même que dans leur état parfait: mais plus cette partie est simple, moins grande est cette dissemblance; et c'est là, à l'égard du bec d'un oiseau, toute la différence qu'on doive prendre en considération dans l'examen qu'on fait de ses différentes parties pour reconnoître l'espece à laquelle il faut le rapporter. — Après toutes ces remarques il ne nous reste qu'à décrire avec quelques détails le tamatia brun, soit qu'il forme une espece propre, soit qu'il appartienne à celle du tamatia à gorge rousse, ou même à toute autre de celles déja connues.

Les plumes du dessus du corps de cet oiseau, à partir du front et y compris les couvertures des ailes et celles supérieures de la queue, sont d'un brun terreux, et portent toutes sur leur milieu un trait roux longitudinal formé en larmes : entre les yeux et le bec et de chaque côté de la bouche on remarque un trait blanc; une large tache blanche se dessine en forme de plastron sur le bas du cou, et couvre en partie la poitrine. La gorge, le devant du cou et le bas de la poitrine, sont couverts de plumes d'un brun clair qui ont aussi toutes leurs côtes d'un blanc fauve. Les plumes du dessous du corps, y compris les flancs, le ventre et les couvertures inférieures de la queue, sont roussâtres, ondées de brun. Les pennes alaires et celles de la queue sont brunâtres; la pointe et la base du bec sont blafards; le reste en est brun; les pieds sont aussi bruns. La queue est du brun des ailes, et légèrement étagée. Les ailes, peu amples, atteignent, lorsqu'elles sont ployées, le bas du croupion. Les barbes de la mandibule supérieure sont enfin d'un brun noir, et celles de l'inférieure blanchâtres.

Des six individus tamatias bruns ou prétendus tels que nous avons vus, l'un est au muséum d'histoire naturelle à Paris, l'autre chez M. Dufresne, aide-naturaliste dans cet établissement: j'ai partagé les quatre derniers avec mes amis, MM. Raye, Temminck, et Calkoen, en Hollande; de sorte qu'il ne m'en est resté qu'un qui fait encore partie de mon cabinet.

LES BARBACOUS.

Les oiseaux auxquels nous donnons le nom de barbacous forment un petit genre qui sembleroit participer des tamatias et des coucous. En effet ils tiennent aux premiers par leur grosse tête, leur corps trapu, les barbes dures qui couvrent leurs narines, et par celles de la base de leur bec. D'un autre côté ils se rapprochent des coucous, mais seulement par un bec plus effilé (très effilé du bout, où il se courbe), et par des ailes plus longues que ne les ont les tamatias.

Les barbacous volant mieux que ces derniers, ils sont aussi moins solitaires; et quoiqu'ils vivent dans les bois, et qu'ils nichent dans des trous d'arbres où ils couvent et élevent leurs petits, ils s'écartent quelquefois pour aller chercher leur proie jusque dans les savanes noyées du nouveau monde, leur patrie. Ils ont douze plumes à la queue, les doigts disposés deux à deux, et ne se nourrissent que d'insectes. Ces oiseaux tenant donc par leur naturel bien plus au tamatias qu'aux coucous, qui ne couvent jamais leurs œufs, il y a plus de raison de les placer à côté des premiers, et de les comprendre dans leur ordre, que de les confondre comme on l'a fait avec les coucous. Cette méprise au reste n'est pas la seule qu'on ait à reprocher aux ornithologistes, et sur-tout aux méthodistes, qui, dans leurs classifications, n'ont la plupart du temps adopté que des caracteres insignifians, de petits rapports extérieurs, négligeant ou rejetant ceux qui

constituent la nature des êtres, ceux des mœurs et des habitudes; partie essentielle dont on ne daigne pas même s'occuper, malgré tout l'intérêt qu'elle donneroit à une science
qui sans cela n'offrira jamais qu'un champ aride à parcourir.

Le Barbacou a bec rouge, mâle. N.º 44.

LE BARBACOU À BEC ROUGE.

(N° 44 et 45).

Buffon, qui le premier a décrit cette espece, quoique s'appercevant bien des grands rapports qu'elle a avec les barbus, l'a nommée *coucou noir;* et tous les méthodistes de l'admettre dans le genre coucou, où elle est restée jusqu'à ce jour, mais d'où je crois devoir la retirer pour la mettre à sa vraie place, c'est-à-dire à côté des tamatias. J'estime aussi que si le tamatia brun dont nous avons parlé dans l'article précédent venoit dans la suite à être reconnu pour former une espece particuliere (ce que je ne pense pas), il seroit bien propre à remplir le petit intervalle qui sépare les deux genres voisins des tamatias et des barbacous; car il a, comme on peut le voir, le bec bien approchant par sa forme de celui de ces derniers. Comme nous avons fait représenter le barbacou à bec rouge de grandeur naturelle, et que la figure que nous en publions est très exacte, nous ne parlerons ici ni de sa taille ni de ses proportions; mais, ce qu'il est bien plus intéressant de dire, c'est que cet oiseau est le seul que je connoisse chez qui la couleur rouge se trouve si profondément imprimée dans la matiere cornée du bec qu'elle ne s'efface jamais, tandis que chez les autres oiseaux, chez tous ceux que j'ai vus du moins, cette couleur dégénere peu-à-peu, jaunit, et finit par blanchir entièrement; de sorte que dans toutes nos collections tel oiseau dont le bec étoit rouge dans son état parfait, n'offre plus dans cette partie et même dans un très court espace de temps qu'une couleur jaune pâle ou blanche; dégradation que n'éprouve jamais le barbacou de cet article, chez lequel même cette belle couleur de vermillon vif colore non seulement le dehors, mais encore l'intérieur du bec, ainsi que la langue, laquelle est formée d'une matiere cornée semblable à celle du bec; caractere particulier qui rapproche encore cet oiseau des toucans, qui ont aussi la langue dure, formée d'une substance cornée.

A l'exception d'un frangé blanc qui longe le pli des ailes, et qui fait partie des bords des scapulaires aussi-bien que des couvertures du dessus des ailes voisines des scapulaires, tout le plumage de notre barbacou est noir, mais d'un noir grisonnant sur tout le dessous du corps. La queue, ample et à-peu-près de la longueur du corps, est étagée légèrement et de maniere qu'en se déployant elle s'arrondit à son extrémité : les pieds sont noirs.

27

La femelle est un peu moins forte que le mâle; à cela près elle lui ressemble parfaitement.

Dans le premier âge le bec est jaune, et le plumage en général est d'un noir plus grisâtre que dans l'état parfait. Le frangé des ailes est aussi d'un blanc moins pur chez les jeunes que chez les adultes. Un de ces jeunes oiseaux, que nous avons figuré n° 45 de nos planches, nous a été communiqué par M. Richard, professeur au college de médecine de Paris, et connu par ses voyages dans l'intérieur de la Guyane française, d'où il a apporté une précieuse collection dont il a déposé une partie dans le muséum d'histoire naturelle de Paris.

L'espece du barbacou à bec rouge habite la Guyane française et celle hollandaise : il est fort commun à Cayenne, d'où on l'a expédié en si grand nombre en Europe qu'il n'est presque pas un cabinet dans cette partie du monde où on ne le trouve. Cinq individus de cette même espece, apportés de Surinam dans le tafia, où ils étoient restés trente-sept ans lorsque je les en retirai pour en faire la dissection et en reconnoître les sexes, n'avoient que peu perdu de l'éclat du rouge de leur bec; ce qui prouve encore combien cette couleur est profondément gravée dans la matiere cornée de cette partie de l'oiseau, tandis qu'elle s'efface si vîte chez les autres. J'espere qu'on ne sera pas tenté d'attribuer au climat de la Guyane cette ténacité, puisqu'il est dans le même pays d'autres oiseaux à bec rouge chez lesquels cette couleur s'efface très promptement.

Le Barbincou à bec rouge jeune age. N.º 75.

Barraband pinx.t   De l'Imprimerie de Rousset.   Louis Bouquet sculp.t

Le Barbacou a croupion blanc. n.º 46.

De l'Imprimerie de Langlois

Grémillier sculp.

LE BARBACOU À CROUPION BLANC,

OU

LE BARBACOU ÉCAUDÉ.

(N° 46.)

CE barbacou, décrit par Buffon sous le nom de coucou, a été aussi figuré par lui n° 505 de ses planches enluminées, mais d'une maniere méconnoissable, parceque, comme on peut le voir en consultant la figure citée, on lui a alongé prodigieusement la queue, soit par méprise, soit peutêtre pour mieux le faire cadrer avec les coucous, qui tous ont en effet la queue à-peu-près de la longueur du corps. Quant aux couleurs, elles sont assez exactement rendues dans cette figure pour qu'il soit facile d'y reconnoître sous ce rapport notre barbacou à croupion blanc, caractérisé par une très courte queue, qui seule suffiroit pour le faire distinguer de l'espece précédente, s'il ne l'étoit déja par une taille beaucoup inférieure à celle de ce dernier. Cette queue très courte donne à l'oiseau un air trapu qui contraste avec ses ailes; car elles en paroissent d'autant plus longues, et atteignent en effet son extrémité dans leur état de repos. Le bec et les pieds de ce barbacou ne présentent rien de différent par leurs formes de ceux de la premiere espece. La tête, le derriere du cou, le manteau, les ailes entieres, toutes les plumes enfin du dessus du corps sont d'un noir qui prend de légeres teintes bleues, suivant les aspects. Le croupion est couvert de longues plumes cotonneuses d'un blanc pur; couleur qui se retrouve sur les couvertures du dessous de la queue, et qui borde légèrement l'extrémité de toutes les pennes de celles-ci. La gorge, le devant du cou, la poitrine, et le haut des flancs, sont d'un noir qui grisonne; le bas des flancs et le ventre sont d'un brun marron; le bec est noir, et les pieds sont d'un noir gris.

Cette espece appartient aussi à la Guyane; mais elle n'est pas aussi commune dans les collections que la précédente. J'y en ai cependant comparé onze individus qui, ne m'ayant offert aucune différence entre

eux, m'ont fait conjecturer qu'il ne devoit pas y en avoir d'autre que
celle des sexes entre les mâles et les femelles de l'espece; car il est très
probable qu'il y avoit des uns et des autres dans les onze individus que
j'en ai vus.

HISTOIRE NATURELLE

DES JACAMARS.

L ES jacamars, quoique souvent confondus par les méthodistes
tantôt avec les pics, tantôt avec les martin-pêcheurs, n'en
forment pas moins un petit genre distinct appartenant à
l'ordre des oiseaux barbus. Que Vosmar ait publié dans ses
cahiers un jacamar auquel on avoit arraché la queue, pour
un martin-pêcheur extraordinaire, cela se conçoit parfaitement; mais il est bien surprenant qu'Edwards se soit trompé
au point de donner aussi pour un martin-pêcheur, et en lui
supposant trois doigts de devant, un de ces jacamars à longue
queue; car Edwards est ornithologiste; et ces deux sortes
d'oiseaux eussent-ils en effet les pieds conformés de la même
maniere, n'en seroient pas moins très différents les uns des
autres par leur nature, et par une foule de caracteres opposés,
et si faciles à saisir qu'on ne voit pas comment ils ont pu
échapper à tant de savants qui ont confondu les deux genres.
Il est bien vrai que tous les jacamars connus du temps de
ces erreurs avoient le bec triangulaire, long, droit, et fort
pointu, et que sous ce rapport ils pouvoient paroître avoir
quelque analogie avec les martin-pêcheurs; mais les jacamars
connus de ce temps-là, comme ceux que nous faisons connoître aujourd'hui, different tellement de ces derniers par

leur physionomie, par la nature de leurs plumes, et par la forme de leurs pieds, qu'il a toujours dû être extrêmement facile, lors même qu'on n'auroit pas connu leurs mœurs, de juger qu'ils ne pouvoient pas être du genre des martin-pêcheurs, oiseaux qu'on reconnoît d'abord à l'inspection seule de leurs plumes, de la nature de celles des oiseaux qui fréquentent les eaux et y plongent pour chercher leur proie.

Nous connoissons aujourd'hui une petite famille de jacamars à bec gros et courbé comme celui des guêpiers : de sorte que nous formerons dans le genre jacamar deux familles, dont l'une sera distinguée par le bec droit des especes qui la composent, et l'autre par la courbure de cette même partie ; caracteres trop saillants pour qu'ils puissent occasionner quelque erreur. En commençant l'histoire de ces oiseaux par la premiere de ces familles, c'est-à-dire par celle des jacamars à bec droit, nous allons en faire connoître les caracteres physiques et les mœurs.

Les jacamars à bec droit appartiennent tous, que l'on sache encore du moins, aux climats chauds du nouveau monde, et particulièrement à la Guyane et au Brésil, où Buffon assure qu'on les nomme *jacamaciri*. Ces oiseaux ont les mandibules triangulaires, longues et fort pointues ; la langue collée au fond du gosier, plate et de forme triangulaire ; les tarses courts, robustes, et les doigts deux à deux, ceux de devant adhérants l'un à l'autre ; des barbes dures garnissent les bords de la bouche et les narines ; la tête est grosse et carrée, le col court et gros ; le corps est tout d'une venue, et les plumes sont longues et moëlleuses ; la queue est étagée et l'est d'une maniere assez extraordinaire, la penne la plus latérale de chaque côté en étant si courte et si petite qu'elle a échappé jusqu'ici à l'œil des naturalistes. Ce caractere, les jacamars à bec droit le partagent avec les collious, seuls autres oiseaux chez lesquels je l'avois remarqué. Les ailes, quoique amples, n'atteignent ployées qu'un peu au-delà de la naissance de la queue; ces jacamars enfin ont l'attitude droite, se tenant perchés en perpendiculaire.

Au surplus tout ce que nous venons de dire de ces oiseaux ne doit s'entendre que de l'état naturel; car ils sont loin d'y ressembler dans la plupart de nos collections, où des mains mal-adroites en alterent tous les traits, et nous les présentent sous tant et de si mauvaises formes qu'il est quelquefois impossible de les y reconnoître.

Les jacamars vivent dans les bois solitaires; ils volent légèrement, quoiqu'à de petites distances, ils restent tranquilles pendant très long-temps à la même place perchés sur les branches basses des arbres: ils sont naturellement silencieux; cependant, dans le temps des amours, ils s'appellent par des cris précipités qu'on entend de loin. Ces oiseaux ne se nourrissent que d'insectes, et ils nichent dans des trous d'arbres sur le bois vermoulu. Les jacamars ont tout ceci de commun avec les courroucous et les martin-chasseurs : ces derniers, les martin-chasseurs, forment un genre nouveau, que j'ai découvert en Afrique, et dont toutes les especes ont aussi été confondues par les naturalistes avec les martin-pêcheurs. Les deux genres courroucou et martin-pêcheur, voisins de celui des jacamars, appartiennent, ainsi que ceux-ci, à l'ordre des oiseaux barbus. Nous nous proposons d'en décrire les especes dans un volume qui fera suite à celui que nous allons terminer par les jacamars.

Le Jacamar mâle. n.º 4.

LE JACAMAR MÂLE.

(N° 47.)

L'espece à laquelle nous donnons le nom pur et simple de jacamar est celle que les naturalistes ont tous décrite sous la dénomination de jacamar *à gorge blanche,* parcequ'ayant fait de la femelle, qui a la gorge rousse, une seconde espece, ils ont voulu distinguer par la couleur de la gorge ces deux prétendues especes : mais outre qu'il est certain que leurs jacamars à gorge blanche et à gorge rousse ne sont que le mâle et la femelle d'une même espece, le nom de jacamar à gorge blanche ne sauroit convenir à l'oiseau dont il est ici question, puisque les autres especes de jacamars ont aussi la gorge blanche, et qu'on ne distingueroit pas plus par là l'une que l'autre du reste des especes du genre.

Le jacamar mâle a la gorge d'un blanc pur; toutes les plumes du dessus de la tête, celles des joues, des côtés et du derriere du cou, celles du manteau, du dos, du croupion, des couvertures du dessus de la queue et des ailes, les dernieres pennes alaires, le dessus de la queue, tout le dessus de l'oiseau enfin est d'un riche verd doré très brillant, et prenant différents tons jaune ou rougeâtre, suivant les incidences de la lumiere. La poitrine est traversée par une large bande de la même couleur et du même éclat que le dessus du corps. Le dessous de celui-ci, depuis le bas de la bande dorée de la poitrine jusques et y compris les couvertures du dessous de la queue et celles du revers des ailes sont d'un roux couleur de rouille. Les grandes pennes alaires et le revers de la queue sont d'un noir brun verdissant sous certain jour; et à quelques aspects toutes les pennes de la queue paroissent en-dessus barrées par des lignes transversales. L'étagement de cette derniere est ainsi conçu ; la penne la plus latérale si courte qu'elle n'aboutit pas même aussi loin que ses couvertures, la suivante dépassant celle-ci de quinze à seize lignes, et la troisieme seulement quatre lignes plus longue que la seconde ; les quatrieme, cinquieme, et sixieme, si peu différentes entre elles, que le milieu de la queue s'arrondit. Le bec, les ongles et les barbes sont noirs, les pieds jaunâtres, et les yeux d'un brun noirâtre : Buffon les dit d'un bleu foncé.

LE JACAMAR FEMELLE.

(N° 48.)

Cette femelle, dont beaucoup de naturalistes ont fait une seconde espece sous la dénomination de jacamar à gorge rousse, n'est distinguée du mâle qu'en ce qu'elle a la gorge rousse, au lieu de l'avoir blanche, comme ce dernier ; car elle lui ressemble si bien par tout autre endroit, que l'on est surpris de ce que des méthodistes, si généralement portés à réduire les especes en considérant même souvent des oiseaux de genres très différents comme de simples variétés les uns des autres, ont été tentés de séparer ceux-ci, qui, nous nous en sommes convaincus par la dissection de neuf individus bien conservés, ne sont bien certainement, les uns que les mâles, les autres que les femelles d'une seule et même espece.

Le Jacamar femelle. N.º 48.

Le Jacamar jeune âge. N.º 49.

De l'Imprimerie de Langlois.

LE JACAMAR DANS SON JEUNE ÂGE.

(N° 49.)

Dans le premier âge, c'est-à-dire avant la premiere mue, le mâle et la femelle jacamar ont la gorge d'un roux clair qui couvre tout le dessous du corps, et même la poitrine, cette derniere partie manquant alors de la bande dorée qui la ceint dans l'âge fait. On remarquera encore que le bec des jeunes de l'espece, quoiqu'ils aient pris tout leur accroissement, est plus court que celui des vieux; que chez eux le verd du dessus du corps est moins doré que chez ces derniers; et enfin que le bord des plumes de leur queue est roussâtre, ainsi que celui de leurs pennes alaires. On distingue encore, au moment même où le mâle a déja revêtu les plumes blanches de la gorge, les vieux mâles de ceux plus jeunes, en ce que chez ces derniers la plaque blanche de la gorge est moins étendue que chez les autres.

L'espece du jacamar doit être très commune à Cayenne, car il est peu d'especes d'oiseaux dont on ait envoyé de ce pays en Europe autant d'individus que de celle-là; aussi n'est-il si mince cabinet où on n'en voie le mâle et la femelle. Les jeunes sont plus rares dans les collections, par la seule raison sans doute qu'étant moins beaux que les vieux, les spéculateurs ne se soucient pas de nous les envoyer.

Un de ces derniers, habitant de Cayenne, que j'ai eu occasion de voir à Paris, et qui a confirmé mes observations sur les sexes dans l'espece, m'a assuré que la ponte du jacamar étoit de quatre ou cinq œufs d'un blanc verdâtre.

Nous terminons cet article en faisant observer aux naturalistes que la belle couleur verd doré du jacamar se détériore très promptement dans les cabinets, au point même de devenir entièrement d'un rouge de cuivre de rosette; effet produit par les drogues fortes qu'on emploie d'ordinaire pour préserver les dépouilles d'oiseaux, et qui dégradent même les reflets métalliques des plumes de tous les oiseaux en général. Ainsi, pour conserver ces oiseaux brillants dans toute leur pureté il est absolument indispensable de les préparer sans préservatifs, et de les tenir par conséquent bien renfermés pour en écarter les insectes; il faut même bien se garder de les soufrer, car la fumée de soufre ne les dénature pas moins que ne le feroient les sels, les essences, etc. Ces observations sont telles que tout le monde peut en un instant en reconnoître la justesse, soit en faisant subir à un de ces oiseaux à reflets métalliques une fumigation sulfureuse, soit en l'exposant à la vapeur d'une essence quelconque, ou même du camphre seulement. Ce qu'il y a de plus fâcheux en ceci c'est que les effets produits par tous ces procédés ont fait commettre beaucoup d'erreurs aux naturalistes, en leur faisant multiplier très gratuitement les especes; ils en ont même trop commis pour que je ne me fasse pas un devoir de leur en dénoncer les causes.

Le Jacamar à queue rousse. N.º 50.

Barraband pinx.t   De l'Imprimerie de Langlois.   Grémillier sculp.t

LE JACAMAR A QUEUE ROUSSE.

(N° 5o.)

Latham est le premier naturaliste qui ait parlé de ce jacamar, qu'il regarde comme une variété du précédent : ce sur quoi je me garderai de prononcer d'une maniere positive ; car ces deux oiseaux me semblent différer assez l'un de l'autre pour former deux especes distinctes. En effet, en comparant avec la plus grande attention le jacamar à queue rousse, non avec un seul, mais avec cent individus de divers âges et de divers sexes de l'espece du Jacamar proprement dit, j'ai remarqué que le premier avoit le bec plus effilé que ceux-ci ; que cette même partie rebroussoit un peu chez lui vers la pointe, et qu'enfin les deux pennes de sa queue se trouvant plus longues d'un demi-pouce que celles qui les suivent immédiatement, il avoit cette autre partie non seulement plus longue, mais plus régulièrement étagée et plus pointue que le jacamar de l'article précédent : ce qui rapprocheroit certainement plus le jacamar à queue rousse de celui à longue queue de notre n° 52, que de l'espece du jacamar proprement dit. Mais si des caracteres nous passons aux couleurs du jacamar à queue rousse, nous voyons qu'à l'exception du roux uniforme de toutes les pennes de la queue, non compris celles du milieu qui sont d'un verd-jaune doré, tout le reste du plumage de cet oiseau, quoiqu'ayant beaucoup de rapport avec celui du jacamar proprement dit, en diffère cependant à quelques égards, les plumes de la gorge et du dessous du corps étant chez lui d'un roux foible, jaunâtre, et celles du dessus de l'oiseau d'un or verd éteint et imprégné d'une teinte fauve, au lieu d'y être, comme chez ce dernier, d'un riche verd-doré. Or, si toutes ces différences que nous venons d'établir, et qu'on appréciera mieux encore en comparant les figures exactes que nous publions des deux oiseaux, ne suffisent pas pour en former deux especes, elles sont telles du moins qu'elles doivent nous faire suspendre tout jugement jusqu'à ce que nous ayons acquis de nouvelles lumieres par des observations faites dans le pays qu'ils habitent. Faisons observer en attendant qu'il est bien d'autres oiseaux qui se ressemblent bien plus que ceux dont il est ici question, et que les naturalistes n'ont pas pour cela balancé à séparer comme especes. Pour ne donner qu'un exemple entre cent que nous pourrions apporter en preuve de ceci, soient les trois especes de nos bécassines européennes, la bécassine , vulgairement nommée double—bécassine , la bécassine proprement dite, et la petite bécassine ou bécasseau, nommée par tous les chasseurs bécassine sourde : or ces trois oiseaux ont certainement dix fois plus de rapport entre eux que nos deux jacamars : mais comme ils vivent chez nous, et que nous sommes plus à portée de les observer que des oiseaux étrangers, on a remarqué que leur vol, leur cri et leur allure étoient tout différents ; ce qui a prouvé leur différence spécifique. Il faut donc attendre, ainsi que je l'ai dit plus haut, qu'on nous ait donné des renseignemens positifs plus étendus sur ces jacamars à queue rousse, avant de prononcer s'ils forment une espece distincte ou s'ils ne sont qu'une variété du jacamar proprement dit ; il le faut avec d'autant plus de raison que les jacamars à queue rousse sont très-rares dans nos collections d'Europe ; du moins n'en ai-je vu que trois dans les nombreuses pacotilles d'oiseaux expédiées de la Guyane.

Sonnini, dans une note au sujet du jacamar proprement dit, et où il parle de celui à queue rousse comme d'une variété, quoiqu'il ne l'ait peut-être jamais vu, observe que les jacamars ont la queue plus ou moins longue : erreur qu'il met là en avant seulement pour appuyer son assertion de l'identité des jacamars proprement dits, et de ceux à queue rousse. Il est certain que c'est dans le seul cas où des individus jacamars et même tous autres oiseaux se trouvent pris au moment de la mue, avant que les plumes aient acquis tout leur développement , qu'on remarque des différences sensibles dans la longueur des queues, lorsqu'on compare ces oiseaux à d'autres individus de leurs especes qui ne sont point dans le même cas. La cause de ces différences est trop naturelle et trop facile à reconnoître pour qu'il soit nécessaire de s'y arrêter ; mais nous dirons que ce n'est pas la premiere fois que des différences accidentelles ont servi de base aux jugemens vagues et incertains des naturalistes ; et à l'égard des jacamars à queue rousse, si nous ne préjugeons rien sur leur identité ou diversité d'espece avec les jacamars proprement dits dont nous avons montré les variétés d'âge et de sexe, variations naturelles dans lesquelles la queue est toujours la même par son étagement et sa couleur uniformément verd-doré, on conviendra au moins qu'il y a plus d'apparence que ces oiseaux forment deux especes. Avouons cependant que, si par la suite il ne se trouve une race particuliere de jacamars à queue rousse se perpétuant ainsi, il seroit indubitable qu'ils ne seroient qu'une variété du jacamar proprement dit, dont ils nous présenteroient peut-être l'extrême vieillesse, c'est-à-dire, des individus de l'espece tombés dans un tel état de foiblesse que, la matiere colorante étant en partie épuisée et ayant perdu de sa vigueur, n'auroit pu abonder également par-tout, et auroit laissé rousses les plumes qu'elle n'auroit pu pénétrer : il suivroit de là que le roux formeroit la base du plumage doré du jacamar ;

mais la cause qui auroit produit une si grande différence dans l'étagement de la queue dans le vieil âge, je ne la devine pas, puisque c'est le seul exemple de cette nature qui jusqu'ici se seroit présenté à mes observations.

LE PETIT JACAMAR,

OU

LE JACAMAR A BEC JAUNE.

(N° 51.)

CE jacamar, plus petit de moitié que le jacamar proprement dit, diffère
encore de ce dernier par le jaune citron d'une grande partie de son bec ;
couleur qui s'altère très rapidement, et qui finit par blanchir chez les
individus de l'espece vieillis dans les cabinets : ce qui fait que les nomenclateurs qui ont parlé du petit jacamar n'ont pas manqué de lui donner
le nom de *jacamar à bec blanc*, nom qu'il est essentiel de réformer pour
ne pas laisser se perpétuer un de ces doubles emplois qu'on ne commet
que trop souvent à l'égard de beaucoup d'autres oiseaux, et que l'expé-
rience et un peu d'habitude d'observer les objets feroit éviter très facilement. Il est donc certain que notre jacamar *à bec jaune* est le même oiseau
que celui décrit par Latham et Sonnini, sous le nom de jacamar à bec
blanc : il est de plus évident que ces jacamars à bec jaune forment une
espece particuliere et bien distincte de celle des jacamars proprement
dits ; car en faisant connoître les différences qu'il y a entre les sexes, le bec
et le jeune âge de ceux-ci, nous avons vu que dans aucun cas ils ne l'avoient
jaune, tandis que dans les autres le bec est jaune non seulement chez les
mâles, mais encore chez les femelles, et même les jeunes ; ce qu'il étoit essentiel de reconnoître pour être entierement convaincu de leur diversité
d'especes, lors sur-tout que nous savons que beaucoup d'oiseaux ayant,
adultes, le bec noir, l'ont en partie jaune dans leur premier âge, et que
dans une même espece on trouve des individus de même sexe moitié
plus grands les uns que les autres. Nous avons déja et bien des fois fait
et appuyé cette observation : elle nous prouve combien il est nécessaire,
pour établir les especes, de connoître dans chacune d'elles la différence
des sexes, de l'âge, et même les variations accidentelles qu'elles peuvent
subir dans les teintes du plumage; connoissances que quelques *ornytho-
logistes* sont loin de chercher à acquérir, lorsqu'il leur suffit de jeter un

Le petit Jacamar. N.º 51.

coup-d'œil sur les premiers individus qui s'offrent à leur vue pour se croire en état de donner un ouvrage sur l'histoire naturelle, et en droit d'établir des principes qu'ils sont ensuite surpris que chacun n'adopte pas aveuglément.

Le petit jacamar diffère de celui proprement dit non seulement par sa taille et le jaune de son bec, mais encore en ce que le dessus de sa tête est d'un brun rouge cuivreux, et que ses pieds sont jaunes ; que le haut de sa gorge est d'un roux pâle, et le bas d'un blanc pur : de sorte que cet oiseau semble tenir et du mâle et de la femelle de celui de ses congéneres auquel nous le comparons ici, en même temps qu'il tient aussi des jeunes de ces derniers, en ce qu'il n'a pas, comme eux, de plastron doré sur la poitrine. Aux différences près, que nous venons d'indiquer, les couleurs sont les mêmes dans les deux especes, si ce n'est cependant encore que dans le petit jacamar mâle le roux, qui regne chez lui depuis le blanc de la gorge jusque sur les couvertures du dessous de la queue, a sur la poitrine une riche teinte mordorée qui s'éclaircit à mesure qu'il descend vers les parties basses ; tout le dessus de l'oiseau est d'un or verd-jaunâtre plus éclatant, que tout le dessus de la queue, dont le revers est roussâtre ; les pennes des ailes sont extérieurement d'un noir verdissant et roussâtre sur leurs bords intérieurs, de manière qu'en dessous elles sont en grande partie de cette dernière teinte ; la mandibule supérieure est d'un beau jaune citron depuis sa base jusque vers la moitié de sa longueur, la pointe en est noire ; l'autre mandibule est toute entière jaune-citron ; les ongles sont noirs. — La femelle du petit jacamar diffère du mâle en ce qu'elle n'a pas comme lui une teinte mordorée dans le roux du dessous du corps, ni de blanc à la gorge. — On reconnoît les jeunes individus de l'espece à leur bec, plus court que celui des adultes ; chez eux aussi les plumes dorées du dessus du corps sont encore impreignées d'une forte teinte rousse qui les rend moins brillantes.

En comparant avec attention le petit jacamar avec le jacamar proprement dit, on remarquera facilement que chez le premier le bec paroît se courber un peu plus que chez l'autre, et que les plumes de la queue y sont moins étagées, tandis que les pennes alaires l'y sont au contraire davantage.

L'espece du petit jacamar se trouve à Cayenne, à Surinam, et probablement dans toute la Guyane : elle n'est cependant pas aussi commune, à beaucoup près, dans nos collections d'Europe que les autres especes de jacamars des mêmes pays qu'elle.

LE JACAMAR A LONGUE QUEUE.

(N° 52.)

Tous les naturalistes ayant désigné cette espece par la longueur de sa queue, nous avons adopté le nom qu'ils lui ont donné, et sous lequel elle est le plus généralement connue. Plus fort de taille que tous les autres jacamars d'Amérique que nous connoissions encore, celui-ci s'en distingue en outre par l'étagement et la longueur de sa queue, équivalente chez lui à la dimension totale du corps, même y compris le bec. Si des formes nous passons aux couleurs, il a aussi ces dernieres tellement différentes de celles des autres jacamars, qu'elles le font reconnoître au premier coup-d'œil : le dessus de la tête de cet oiseau est d'un brun terreux relevé par quelques légeres teintes bleuâtres ; le derriere de la tête, les joues, le manteau, le croupion, le dessus des ailes et celui de la queue sont d'un verd sombre, à travers duquel se jouent de riches nuances de bleu tirant plus ou moins au noir ou au brun, et même au verd luisant, suivant les incidences de la lumiere ; cependant on voit quelques unes seulement des grandes couvertures des ailes briller d'un bel or rougeâtre ; les plumes du dessous du bec sont d'un brun semblable à celui du dessus de la tête, et tout le reste du devant du cou est d'un beau blanc qui se répand jusque sur la poitrine ; le dessous du corps, depuis ce blanc jusque aux couvertures du dessous de la queue, est d'un verd sombre qui, dans l'ombre, paroît noir ; les flancs sont égayés par un frangé blanc qu'on trouve en bordure au bout des pennes latérales de la queue ; le bec, les ongles et les pieds sont noirs.——La femelle est plus petite que le mâle, et a aussi la queue moins longue que lui ; elle n'a pas non plus le blanc du devant du cou aussi étendu et aussi pur, et ses couleurs sont en général plus foibles. ——On reconnoît au premier coup-d'œil les jeunes individus de l'espece à une forte teinte brune qui domine sur toutes les parties vertes, outre qu'ils ont encore le bec plus court que les vieux.

Le jacamar à longue queue habite la Guyane, où il doit même être fort commun ; car il l'est tellement dans nos collections qu'il se voit dans tous nos cabinets en Europe. Cet oiseau fréquente les forêts et vole mieux que les autres jacamars : il est donc naturellement moins tranquille et moins sédentaire qu'eux ; il a un cri ou sifflement qu'il ne répete pas souvent, et qu'on n'entend que de près. Nous ne savons rien de plus sur ses mœurs et ses habitudes ; ce que nous venons d'en dire même nous l'avons puisé dans Buffon, ne connoissant pas nous-mêmes rien de particulier à cet égard.

Le Jacamar à longue queue. Nº 52.

DES JACAMARS A BEC COURBE.

CES jacamars qu'on reconnoît d'abord à leur grande taille,
et plus encore à la courbure et à l'épaisseur de leur bec, appartiennent aux climats les plus chauds de l'Indostan. Il est
au moins plus que probable que les deux seules especes que
nous connoissions encore, et qui ont été apportées de Banda
par M. Boërs, officier attaché au service de la compagnie des
Indes hollandoise, ne se trouvent pas en Amérique, d'où
Viellot les a cru originaires, en donnant à l'une d'elles le nom
de jacamarici, nom qu'on dit être au Brésil celui des jacamars
en général. Ce qu'il y a de certain, c'est que me trouvant à
Amsterdam à l'époque du retour de M. Boërs, dont je fis alors
la connoissance, et qui eut la bonté de me faire voir non seulement tout ce qu'il avoit apporté en objets d'histoire naturelle,
mais même de me permettre de prendre le dessin et de faire la
description de tout ce qui pourroit m'intéresser ; ce qu'il y a
de certain, dis-je, c'est que c'est chez lui que je vis pour la
premiere fois ces deux especes de jacamars à bec courbe, et
qu'il m'assura les avoir tuées lui-même aux Moluques. Je
pense, d'après cela, que ces jacamars à bec arqué appartiennent d'autant moins au nouveau monde, que l'individu qu'a
décrit Viellot, sous le nom brésilien de jacamarici, se trouve
être précisément l'un de ceux apportés en Europe par M. Boërs,
qui le déposa au muséum du prince d'Orange, d'où il a passé
dans le nôtre à Paris.

Ces grands jacamars ont le bec épais, large à la base, et se courbant insensiblement dans toute sa longueur : ils semblent par là se rapprocher du genre des promérops ; mais ils s'en éloignent par la conformation de leurs pieds, dont les doigts disposés deux à deux les rangent parmi les jacamars, avec lesquels ils ont d'ailleurs une analogie frappante, en même temps qu'ils en ont les couleurs. Si donc les naturalistes hésitent à former de ces oiseaux un genre particulier, il n'y a pas de doute que leur vraie place ne soit à côté des jacamars à bec droit, et qu'ils ne forment une seconde famille du genre de ces derniers. Si cependant des observations ultérieures sur les mœurs et les habitudes de ces grands jacamars venoient à nous apprendre qu'ils ont plus de rapports que nous ne leur en connoissons jusqu'ici avec les promérops, on pourroit alors les placer, comme genre intermédiaire, entre ceux-ci et les jacamars, sous le nom composé de *jacamérops*. Ce nom, ne dérivant pas du grec, ne conviendra peut-être pas aux savants distingués de nos jours ; mais je leur laisse la gloire d'en trouver un plus approprié au goût des amateurs, fût-il aussi barbare que tant d'autres nouvellement et si heureusement créés pour l'intérêt de la science et la propagation des lumieres.

Le grand Jacamar. N.º 53.

LE GRAND JACAMAR.

(N° 53.)

LE nom de *grand jacamar* convient d'autant plus à cette premiere espece de la famille des jacamars à bec arqué, qu'il égale par sa taille notre geai d'Europe, ainsi qu'on peut le voir par la figure exacte et de grandeur naturelle que nous en publions ici d'après un individu conservé dans l'esprit de vin, et qui par conséquent n'avoit perdu aucun de ses traits caractéristiques. On sait que ce moyen de conservation est en effet le plus sûr pour beaucoup d'animaux, et qu'il n'arrive que trop souvent qu'en passant par des mains maladroites les oiseaux même y perdent leur forme, et quelquefois tout ce qui pourroit aider à les faire reconnoître d'une maniere plus certaine. La queue du grand jacamar est à-peu-près de la longueur de son corps, et étagée de maniere qu'elle s'arrondit seulement au bout lorsqu'on la déploie. Les ailes, dans leur état de repos, atteignent l'extrémité des grandes couvertures de la queue; la tête est grosse, le cou épais, et le corps massif; le bec, long de deux pouces, est large, épais à sa base, et s'arrondit sur ses faces supérieures; les deux mandibules se terminent en pointes aiguës, et elles sont d'une égale longueur; la langue est courte, triangulaire, et collée au fond de la gorge. Les tarses sont robustes et courts, les doigts forts et à bases solides; les ongles paroissent propres à tenir l'oiseau cramponné au tronc des arbres; ce qui, joint à la nature de ses plumes, me feroit croire qu'il niche dans les trous d'arbres. Tout le dessus de la tête, du front à l'occiput, les joues, la tête entiere enfin est d'un verd plein nué de bleu, et richement relevé par un reflet d'or: tels sont aussi les scapulaires, toutes les couvertures des ailes, et leurs dernieres pennes, celles voisines du dos; les premieres pennes alaires ou remiges sont d'un blanc grisonnant, et celles qui les suivent sont en grande partie bleues; le croupion et les couvertures supérieures de la queue sont d'un verd clair doré: les deux pennes les plus latérales de chaque côté de celle-ci sont blanches, les deux suivantes d'un verd-bleuâtre, et celles du milieu du verd doré du croupion; la gorge est d'un beau blanc, et le bas du cou, la poitrine, les flancs, le ventre, les plumes des jambes, les couvertures du dessous de la queue, enfin tout le dessous du corps est d'un beau roux mordoré, qui, passant par les côtés du cou, l'embrasse entierement par derriere, et s'étend en pointe de mouchoir vers le bas du dos.

Le bec est d'un gris plombé qui blanchit à sa base; les pieds sont brunâtres, et les yeux, que l'esprit de vin avoit fort raccornis, m'ont paru
avoir dû être d'un rouge foncé dans leur état naturel. Tout ce que m'a
appris M. Boërs sur cet oiseau, c'est qu'il habite les grands bois, et qu'il
a un cri très-aigu.

Le Coq de roche du Pérou. n.º 54.

Barraband pinx. De l'Imprimerie de Langlois. Grémilliet sculp.

LE JACAMARICI.

(N° 54.)

Cette seconde espece de jacamar à bec arqué ayant été décrit et figuré, par une erreur bien pardonnable sans doute, sous le nom de *jacamarici*, nous avons cru, pour ne pas laisser à un oiseau des Moluques un nom brésilien qui perpétuât cette premiere erreur sur le pays qu'il habite, nous avons cru, dis-je, devoir dénaturer un peu cette dénomination, sans cependant la changer entièrement.

En comparant le jacamarici au grand jacamar, on trouve entre ces deux oiseaux des différences sensibles qui ne permettent pas de douter de leur diversité d'especes, quoiqu'ils habitent le même pays. En effet, le premier n'est pas seulement plus petit que l'autre, il a aussi la queue beaucoup plus étagée que lui ; cette partie présente ici absolument la forme d'un fer de lance, tandis que nous avons vu que chez le grand jacamar la queue, beaucoup plus égale, ne faisoit que s'arrondir au bout en se déployant. En outre le bec du jacamarici, quoique épais, large à sa base et courbé en faulx comme celui du grand jacamar, porte sur toute la longueur du sommet de la mandibule supérieure une arrête saillante qui semble la partager en deux ; caracteres indélébiles qu'on ne retrouve pas chez ce dernier, et qui doivent ôter jusqu'au soupçon que l'un pût être le mâle, et l'autre la femelle d'une même espece, ou que le plus petit fût un individu du premier âge du grand jacamar. Quant aux couleurs, si le jacamarici a la gorge blanche comme son congénere, il n'a pas comme lui les grandes pennes alaires ni les latérales de la queue de cette même couleur : le dessus de ces parties chez le jacamarici est entièrement d'un riche verd doré bleuissant sous certain aspect, et le dessous d'un verd clair, bleuâtre. Le dessus de la tête, les joues, le derriere du cou, le haut de la gorge, le manteau, les couvertures des ailes, les dernieres pennes alaires, le croupion, les couvertures supérieures de la queue, tout le dessus de l'oiseau enfin est d'un verd doré, mais d'un or rougeâtre couleur de cuivre de rosette, et qui prend des tons ou plus verds ou plus rouges, suivant les différents coups de lumiere. Les grandes pennes des ailes sont noirâtres extérieurement, noir grisonnant dans leurs parties intérieures. Tout le dessous de l'oiseau , à partir du blanc du dessous de la gorge et y compris les couvertures du dessous de la queue , ainsi que celles du revers des ailes , est d'un roux foncé uniforme et absolument semblable à celui de ces mêmes parties dans les jacamars d'Amérique; le bec est noir , et les pieds sont brunâtres.

ADDITIONS

AUX ARTICLES

DES BARBUS PROPREMENT DITS.

N'ayant reçu les trois especes de barbus qu'il nous reste à
faire connoître qu'après avoir terminé l'histoire de celles de
leur genre que nous avons publiées, nous donnons ici ces
trois especes en additions à nos précédents articles, et à la
suite des jacamars.

Le Barbu à front d'or nᵒ 55.

LE BARBU À FRONT D'OR.

(N° 55.)

Ce barbu est sans doute une espece très voisine de celle que nous avons
nommée *barbu à gorge bleue*, puisqu'il en a tous les caracteres primor-
diaux, notamment la forme du bec et les couleurs en grande partie ; mais
je ne pense pas qu'on doive pour cela regarder ces deux oiseaux comme
ne formant qu'une seule et même espece ; car, supposé même que le jaune
d'or qui embrasse le front de celui de cet article eût été rouge dans son
origine, et que c'eût été par dégradation que le rouge fût devenu jaune,
comme nous avons vu que cela étoit arrivé dans un vieux barbu à gorge
noire dont nous avons donné l'histoire, il est certain que le barbu à front
d'or ayant aussi de chaque côté de la mandibule inférieure au-dessous
des yeux une balafre jaune d'or, ce jaune n'a jamais pu être rouge, puisque
le barbu à gorge bleue n'ayant pas de rouge sur ces mêmes parties de sa
mandibule inférieure, un individu varié de son espece n'a pu prendre là
de jaune provenant d'un rouge dégradé : d'ailleurs le jaune du front du
barbu à front d'or n'occupe pas précisément la même partie que le rouge
du dessus de la tête du barbu à gorge bleue : il est enfin constant que la
dégradation des plumes rouges d'un oiseau ne donne jamais un beau
jaune d'or, mais bien un jaune pâle ou feuille morte.

Le barbu à front d'or a le dessus de la tête ainsi que le derriere du cou
d'un verd olivacé teinté de brun, et les plumes de ces parties portent toutes
chez lui un trait blanchâtre dans leur milieu. La région des yeux et la
gorge sont d'un bleu-de-ciel pâle ; le manteau, le dos, les ailes et leurs
couvertures, le croupion, les couvertures supérieures, et le dessus de la
queue légèrement étagée, sont d'un verd clair : sur les grandes couvertures des ailes percent cependant quelques teintes bleuâtres. Les grandes
pennes alaires sont d'un noir-brun intérieurement, et d'un verd pâle blan-
chissant dans leurs parties extérieures. Les couvertures du dessous des
ailes sont jaunâtres, et les côtés du cou, la poitrine et les flancs, d'un verd
pâle, ainsi que le ventre et les couvertures du dessous de la queue. Les
plumes de ces parties, notamment celles de la poitrine, semblent blanchir
dans leur milieu, et se foncer plus en verd sur leurs bords ; ce qui produit
une sorte de marqueterie assez agréable. Le revers de la queue est d'un

bleu tendre, et le bec d'un brun jaunissant ; les pieds sont jaunâtres, et les barbes noires.

On voit au muséum d'histoire naturelle à Paris un bel individu de l'espece du barbu à front d'or ; j'en ai depuis peu acquis un autre qu'on m'a dit avoir été tué à Ceylan.

Le Barbu barbichon. n.° 56.

LE BARBU BARBICHON.

(N° 56.)

CE barbu ne manque pas non plus de rapports avec le barbu à collier rouge ; mais ici du moins la différence des caracteres est bien marquée, un bec fort, large et très aplati, une mandibule inférieure qui se rebrousse et qui dépasse même un peu la supérieure, de très longues barbes qui se portent bien au-delà du bec; tous les attributs en un mot de ce barbu que nous surnommons *barbichon*, présentent des différences si bien caractérisées d'avec ceux du barbu à collier rouge, et même de ceux du barbu à plastron rouge, qu'il n'y a pas à balancer à l'admettre comme espece particuliere et très distincte de tous ces autres barbus, ses congeneres, avec lesquels il habite les climats de l'Indostan. De la taille à-peu-près du barbu à plastron rouge, et beaucoup plus petit que le barbu à collier, le barbichon a le front couvert d'une plaque rouge vif; une tache jaune souci se montre sur les joues au-dessous des yeux, au-dessus desquels est une autre tache de ce même jaune qui leur forme un demi sourcil. La gorge est d'un jaune souci vif qui se termine à une tache rouge au milieu du cou. Le bas de celui-ci et la poitrine sont d'un jaune orangé dégénérant insensiblement en verd, à mesure qu'il descend vers les parties postérieures et sous la queue. La plaque rouge du front est environnée de noir par derriere, lequel noir se dégrade insensiblement en un bleu clair répandu sur les joues: ce même noir prend un ton verd sombre sur le derriere et les côtés du cou, et finit, sur le dos, les scapulaires, les couvertures du dessus des ailes et leurs dernieres pennes, ainsi que sur le croupion, les couvertures supérieures et le dessus de la queue, par être d'un verd plein prenant des teintes jaunes ou bleues, suivant les jours. Le bec est jaunâtre à sa base, et couleur de corne au bout; les pieds et les ongles sont d'un jaune blafard, et paroissent avoir dû être plus jaunes du vivant de l'oiseau : les poils ou barbes sont orangés à leurs racines, et noirs partout ailleurs. Les grandes pennes des ailes sont verdâtres sur leurs bords extérieurs, et brun-noir dans leur milieu : elles portent sur leurs bords intérieurs un liseré jaune; les couvertures du dessous des ailes sont d'un jaune orangé.

Le barbu barbichon se trouve aux Moluques. J'ai vu plusieurs de ces individus dans différents cabinets en Hollande : on en voit aussi un dans notre cabinet d'histoire naturelle à Paris ; et j'en possede un autre très beau, que j'ai acquis depuis très peu de temps, et qui a été tué à Java.

LE BARBION A DOS ROUGE.

(N° 57.)

En comparant ce petit barbu africain avec celui de même taille et du même climat, que nous avons décrit sous le nom de barbion, on ne pourra s'empêcher de reconoître que ces deux oiseaux ont absolument les mêmes formes et les mêmes caracteres constitutifs, c'est-à-dire une même constitution de bec, et qu'ils different tellement par cela seul des autres barbus leurs congéneres, qu'on seroit presque tenté de faire de ces barbions un genre à part, s'il n'étoit vrai, ainsi que nous l'avons déja prouvé, qu'il existe des différences tout aussi bien marquées que celles-ci, non seulement entre plusieurs autres barbus habitant les mêmes pays, mais même entre beaucoup d'autres oiseaux qui, pour différer entre eux autant que les barbions different des autres barbus, n'en appartiennent pas moins à un même genre. Il paroîtroit donc constant, par l'état actuel de nos connoissances ornithologiques, que les méthodes imaginées jusqu'à ce jour sont toutes plus ou moins mauvaises du côté des caracteres donnés à chaque genre, et que les naturalistes à méthodes se trouveront forcés de multiplier les genres à l'infini pour faire entrer dans autant de genres toutes les especes auxquelles ils ne pourront pas appliquer les caracteres génériques qu'ils ont adoptés. Nous voyons même déja que dans sa nouvelle méthode Lacépède a été obligé de créer des sous-classes, des sous-ordres, et même des sous-genres : c'est sans doute qu'il a senti que les divisions anciennes étoient trop resserrées, et qu'elles ne pouvoient plus convenir à l'étendue de nos connoissances actuelles, et embrasser cette foule d'objets, fruit des recherches de nos infatigables et éclairés voyageurs.

Nous renvoyons le lecteur à l'article où nous avons décrit le barbion, pour ne pas répéter ici ses caracteres absolument semblables, ainsi que nous l'avons dit plus haut; à ceux du barbion à dos rouge : chez ce dernier la tête est agréablement marquée par des bandes jaunes, dont une près des narines, qui sépare le bec du front ; une autre au-dessus du derriere des yeux, qui forme des especes de sourcils; une troisieme au-dessous des yeux, qui va du coin de chacun d'eux jusqu'à l'oreille ; une quatrieme enfin parallele à la précédente et partant de l'angle du bec : ces deux dernieres bandes sont séparées par du noir, et une autre bande noire et étroite longe celle jaune qui part du coin de la bouche. La gorge est jaune; le bas du

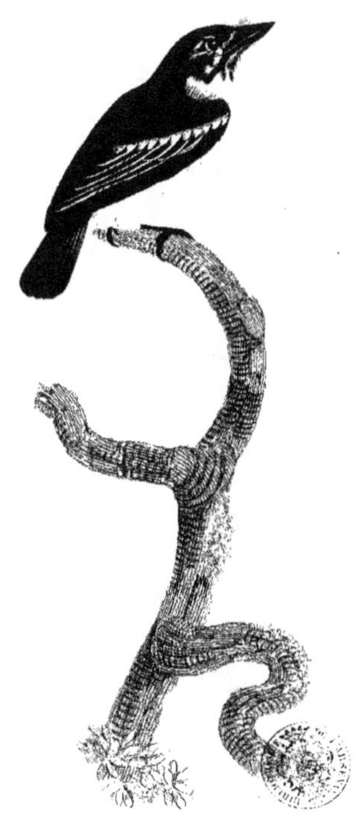

Le Barbion à dos rouge. n.º 3.

Levaillant pinx.   De l'Imprimerie de Rousset.   Grémillier sculp.

cou, la poitrine, le ventre, les flancs, les couvertures du dessous de la
queue, sont d'un blanc teinté de jaune; et le dessus de la tête, le derriere
du cou, le manteau, les ailes, et la queue noirs, mais d'un noir égayé sur
les ailes par des franges jaunes transversales et formant une suite de taches.
Les bords latéraux de la queue sont aussi frangés de jaune; le croupion
et les couvertures du dessus de la queue sont d'un rouge vif; le bec et les
barbes sont noirs; les pieds sont bruns, et le revers des ailes est grisâtre,
ainsi que celui de la queue.

Le barbion à dos rouge fait partie de notre cabinet public du Jardin des
Plantes à Paris: je ne sais de quel canton de l'Afrique il est venu.

FIN.

TABLE

DU SECOND VOLUME,

CONTENANT

L'HISTOIRE NATURELLE DES TOUCANS, etc.

	Page
Introduction.	1
Le toco mâle	7
Le tocan	10
Le tocan à collier jaune	13
Le grand toucan à gorge orange	15
Le grand toucan à ventre rouge	17
Le pignancoin ou toucan à gorge jaune	19
Le petit toucan à ventre rouge	22
Le tocard	25
Les toucans aracaris	27
Le grigri ou l'aracari à ceinture rouge	29
L'aracari à double ceinture	32
L'aracari à ceinture rouge, dans son extrême vieillesse	33
L'aracari koulik mâle de la Guyane	35
L'aracari koulik femelle	37
L'aracari koulik mâle du Brésil	39
L'aracari verd mâle	41
L'aracari verd femelle	43
L'aracari baillon	44
Histoire naturelle des barbus	49
Le barbican	53
Le grand barbu	55
Le barbu à gorge bleue / Sa femelle	57
Le barbu de la Guyane mâle	58
La femelle du barbu de la Guyane	60
I^e variété du barbu de la Guyane	61
IIe variété du barbu de la Guyane	62
Le barbu orangé du Pérou	63
Le barbu à plastron noir	65
Le barbu à gorge noire mâle	66
La femelle du barbu à gorge noire	68
Le barbu à gorge noire dans son extrême vieillesse	71

Le barbion mâle . . . . PAGE 73
Le barbu rose-gorge. 75
Le barbu élégant 76
Le barbu à collier rouge 78
Le barbu à plastron rouge mâle. 81
Le barbu à ceinture rouge 83
Le barbican à ventre rose. 85
Le kottoréa 87
Les barbus tamatias 91
Le tamatia à plastron noir ou le grand tamatia 92
Le petit tamatia à plastron noir. 93
Le tamatia à gorge rousse. 95
Le tamatia à collier ou le tamatia rayé 97
Le tamatia brun 99
Les barbacous. 101
Le barbacou à bec rouge. 103
Le barbacou à croupion blanc ou le barbacou égaudé 105
HISTOIRE NATURELLE DES JACAMARS 107
Le jacamar mâle. 111
Le jacamar femelle. 112
Le jacamar dans son jeune âge. 113
Le jacamar à queue rousse 115
Le petit jacamar ou le jacamar à bec jaune 118
Le jacamar à longue queue 120
Des jacamars à becs courbés 121
Le grand jacamar 123
Le jacamarici. 125
ADDITIONS aux articles des barbus. 127
Le barbu à front d'or 129
Le barbu barbichon 131
Le barbion à dos rouge 132

FIN DE LA TABLE DU DEUXIÈME ET DERNIER VOLUME.

ERRATA DU Ier VOLUME.

Planche, LE SUPERBE EN REPOS, au lieu de N.° 16, *lisez :* N.° 14.

ERRATA DU IIe VOLUME.

Après la page 34, au lieu de pages 41, 42, 43, 44, 45, 46 47 et 48, *lisez :* 35, 36, 37, 58, 59, 40, 41 et 42.

Après la page 106, au lieu de 109, 110, 111, 112, *lisez :* 107, 108, 109 et 110.

Planche, LE BARBICAN, au lieu de N.° 18, *lisez :* N.° 19.

www.ingramcontent.com/pod-product-compliance
Lightning Source LLC
LaVergne TN
LVHW010954180726
843502LV00004B/1198